D1721944

Les portes des rêves lucides

Le guide complet pour développer ses facultés psychiques et découvrir les secrets des rêves lucides et des expériences hors du corps

Amandine Letto

Selon le code de la propriété intellectuelle, copier ou reproduire cet ouvrage aux fins d'une utilisation collective est formellement interdit. Une représentation ou une reproduction partielle ou intégrale, quel que soit le procédé utilisé, sans que l'auteur ou ayant droit n'ait donné son accord, relève d'une contrefaçon intellectuelle aux termes des articles L.335 et expose les contrevenants à des poursuites.

Première édition 2023.

Sommaire

Introduction

Je n'ai pas été élevée dans un foyer où régnait la compassion et la douceur. Pendant la majeure partie de ma jeunesse, j'ai été entourée de personnes en colère et dans des situations assez inconfortables. Bien que j'aime ma famille et que je chérisse chaque minute passée avec elle, les choses n'ont pas toujours été faciles. J'ai connu des hauts et des bas dans la pauvreté, je me suis perdue dans les rues brutales de Paris et j'ai souvent oublié qui j'étais en tant qu'individu.

Pendant longtemps, j'ai eu l'impression d'être un personnage coincé dans le cauchemar de quelqu'un d'autre. Je ne savais pas qui j'étais ni ce que j'étais censée faire. Je n'avais aucun contrôle. J'étais le fantôme d'une petite fille dans un monde très vaste. J'aspirais à quelque chose de plus grand que ce qui m'avait été accordé. Je voulais une vie normale avec des rêves de poneys, de princesses et de danseuses. Je voulais aller à l'école et avoir de bonnes notes. Je voulais quelqu'un qui m'aime et me chérisse, ma propre histoire de Cendrillon.

Au lieu de cela, j'étais fréquemment en proie à des cauchemars et la paranoïa ; la dépression et l'anxiété me suivaient partout où j'allais. J'ai pataugé dans les relations toxiques, la pauvreté et le chagrin, en attendant que le cauchemar prenne fin.

Un jour, j'ai laissée une amie m'inciter à la rejoindre pour une retraite spirituelle. J'ai acceptée avec scepticisme, uniquement parce que j'aurais un lit confortable pour dormir et de la nourriture pour la nuit. Ma vie a changée du tout au tout.

Ce n'est pas que je ne croyais pas aux bienfaits de la méditation ou de la spiritualité. Cela faisait des années que je m'adonnais à diverses pratiques de méditation, sans grande récompense. L'art semblait plutôt laxiste et les effets n'étaient jamais aussi profonds que je l'espérais. Malgré tout, j'ai continuée à avancer avec un faux enthousiasme.

Lors de la dernière session, nous avons appris à pratiquer le rêve lucide. Alors que je tombais dans l'obscurité familière du sommeil, j'ai commencée à remarquer des signes indiquant que j'étais en train de rêver. Les murs m'ont fait signe de l'autre côté de la pièce, mais les murs ne peuvent pas faire signe. Les images du Grand Bouddha ont commencé à dégouliner de peinture sur le sol carrelé, mais les images ne dégoulinent pas. Mon corps a commencé à se transformer en glace, alors que c'était une chaude soirée d'été. Mon esprit a remarqué le début d'un cauchemar. Il ne l'avait jamais fait auparavant. J'ai repoussé les murs et les ai projetés sur une plage ensoleillée et sablonneuse. La glace sur mes bras a rapidement fondu lorsque la chaude brise d'été est passée devant moi, étreignant ma peau avec réconfort. Les images fondantes se sont transformées en énormes boules de glace à la vanille soutenues par des cônes de bonbons géants et arrosées de sirop de chocolat. J'avais enfin découvert une chose que je pouvais contrôler dans ma vie. Pour la première fois, j'étais le maître de mon esprit.

Après avoir acquis la capacité de contrôler mes rêves, j'ai rapidement appris à contrôler ma vie, mon succès et mon avenir. Au cours des huit années suivantes, j'ai manifesté la vie dont j'avais toujours rêvé, la vie que j'ai aujourd'hui, et j'ai aidé d'autres personnes à faire de même.

Peut-être pensez-vous que la pratique du rêve lucide n'est qu'un simple divertissement ; je peux vous garantir que ce n'est pas le cas. En s'appuyant sur des preuves scientifiques, ce livre vous fera entrer dans le paradigme du rêve lucide et vous aidera à découvrir les parties les plus cachées de vous-même.

C'est LE guide complet du rêve lucide, qui non seulement fournit une explication approfondie de ce qu'est le rêve lucide, mais vous prend également par la main dans son processus pour maîtriser la pratique. Prendre le contrôle de vos rêves n'a jamais été aussi facile.

Il ne s'agit pas d'un éveil spirituel ni d'une pratique religieuse. C'est un outil qui change la vie. Utilisez-le et trouvez le pouvoir qui est en vous, littéralement.

P.S. : Je vous coupe dans votre lecture, mais saviez-vous que durant les siècles derniers, et encore aujourd'hui, on a menti à des populations entières à propos des sorcières et de la Wicca ? Alors j'avais une question à vous poser, voudriez-vous recevoir un livre totalement gratuit intitulé « Comprendre la Wicca (pour les débutants) » ? C'est un guide pratique de 147 pages pour que vous compreniez l'histoire de la magie, des sorcières et de la Wicca, ainsi que les mensonges qui nous ont été racontés. Comprendre ce qu'est la Wicca et comment vous pouvez l'utiliser positivement dans votre quotidien, mais également comment effectuer des rituels Wiccan ! (d'une valeur de 17€). Vu que vous nous avez fait confiance en achetant ce livre, nous vous l'offrons gracieusement ! Il vous suffit de flasher le QR code ci-dessous :

Je vous laisse maintenant reprendre votre lecture.

Partie 1 : Tout ce que vous devez savoir sur le rêve lucide

La science qui explique pourquoi les gens ont besoin de dormir est fascinante, surtout parce qu'il y a encore beaucoup de choses qui restent mystérieuses. Dans l'ensemble, les scientifiques pensent que le sommeil est nécessaire pour rajeunir et guérir l'esprit après une journée bien remplie. Il a également été démontré que, sans repos régulier, la santé immunitaire, psychologique et physique est perturbée. Le sommeil est nécessaire à notre survie, mais qu'en est-il du rêve ? À quoi sert dans votre vie quotidienne le fait de rêver d'un homme fantasque portant un chapeau violet et un manteau rouge ? Pourquoi certaines personnes voient-elles cet étranger dans leurs rêves et d'autres non ? Pourquoi certains rêvent-ils en couleur et d'autres en noir et blanc ? Et pourquoi si peu de gens se souviennent-ils de leurs rêves ?

Il y a des centaines d'années, les chamans utilisaient le rêve lucide pour guérir les gens, prévenir les inondations, apaiser les dieux et trouver des conseils. Aujourd'hui, le rêve lucide est pratiqué par des personnes du monde entier. Il aide les athlètes à mémoriser les tracés des terrains et les scénarios de jeu. Les artistes et les graphistes s'en servent pour déchiffrer l'aspect d'un espace avec différentes couleurs et différents objets. Même les ingénieurs du son sont connus pour pratiquer le rêve lucide afin de résoudre les problèmes d'encombrement des câbles et d'espacement. Pour les enseignants, les parents et les élèves, le rêve lucide est un moyen de résoudre les problèmes en gagnant du temps. Lorsque vous vous rendez compte que vous rêvez pendant que vous le faites, vous pouvez reproduire des informations difficiles à comprendre de plusieurs façons jusqu'à ce que vous les compreniez.

Un rêve lucide est une expérience inoubliable. Sa nature même est enchanteresse et mystérieuse. Personne ne peut expliquer pourquoi il existe, mais il existe, et ce qu'il peut faire pour vous est incroyable.

Voulez-vous vivre dans une maison plus grande ? Souhaitez-vous un travail où vous êtes apprécié ? Souhaitez-vous avoir une compétence qui puisse changer le monde ? Rêvez-vous d'être le genre d'enseignant qui a un impact énorme sur la vie des enfants ? Le rêve lucide peut vous aider à réaliser vos désirs les plus profonds.

Sur le plan physique, le rêve lucide améliore la coordination motrice, la conscience générale et la perception de la profondeur. Il permet également d'atténuer le stress et de préserver l'état de santé général. Sur le plan psychologique, il améliore l'humeur, la créativité, la planification, la capacité à résoudre des problèmes et l'empathie en général.

À long terme, il permet de découvrir les peurs et les désirs les plus profonds, d'atténuer les traumatismes et le stress et d'aider au développement d'idées, de pensées, de solutions et de la compréhension. Il peut contribuer à ouvrir la voie à votre réussite.

Je ne dis pas que le rêve lucide fera de vous un millionnaire ou que vous découvrirez le prochain grand plan de Dieu. Je ne dis même pas que vous serez en mesure de payer votre loyer à temps ce mois-ci. Mais si vous pratiquez le rêve lucide régulièrement, votre vie changera et vous en sortirez grandi, c'est assuré. Laissez-moi vous montrer comment.

Chapitre 1 : Que se passe-t-il quand on rêve ?

Le cerveau et le sommeil

À quoi ressemble votre cerveau lorsque vous dormez ? Si vous pouviez ouvrir votre crâne et regarder à l'intérieur sans vous évanouir de peur et de dégoût, que verriez-vous ? Heureusement, l'électroencéphalogramme a été créé dans ce but précis. Des neuroscientifiques du monde entier ont utilisé cette petite machine pour découvrir toute une série d'informations sur le cerveau, et plus particulièrement sur l'aspect et le comportement du cerveau pendant le sommeil.

Il a été constaté que le cerveau entre dans quatre états différents lorsque le corps et l'esprit sont endormis. Ces quatre stades peuvent être divisés en deux grandes catégories d'états : les mouvements oculaires non rapides et les mouvements oculaires rapides.

Pendant la phase non rapide, l'activité et les mouvements du cerveau sont très limités, car le cerveau passe par les trois premiers états du sommeil.

Dans le premier état, le corps se prépare au sommeil. Votre cerveau commence à s'apaiser et votre rythme cardiaque ralentit. Vous entrez dans un état appelé « somnolence ». L'assoupissement se produit lorsque vous vous habituez au confort de votre lit, que vous faites rouler les draps entre vos doigts et que vous relâchez de lourdes bouffées de frustration à cause de toutes les choses que vous n'avez pas pu terminer pendant la journée.

Quatre-vingt-dix minutes plus tard, vous devriez être plongé dans la deuxième phase du sommeil. Dans cet état, votre cerveau est pratiquement vide, votre température corporelle diminue et votre rythme cardiaque ralentit considérablement. L'activité cérébrale est presque inexistante et des montagnes de mélatonine sont sécrétées par la glande pinéale dans le sang, ce qui vous donne une incroyable sensation de sommeil. Il se peut que vous ressentiez un ou deux spasmes musculaires pendant que vous vous endormez, vous réveillant peut-être pendant une seconde avant que vous ne vous détendiez et retourniez au sommeil. Il s'agit simplement d'une inhibition des capteurs moteurs de votre cerveau. C'est ce que l'on appelle une secousse hypnique. On pense qu'il s'agit d'un ancien avertissement utilisé par nos ancêtres lorsqu'ils s'endormaient en grimpant aux arbres.

Au cours de la troisième phase du sommeil, chaque muscle et chaque neurone de votre corps fonctionne à son potentiel le plus bas. Le cerveau est pratiquement inactif, à l'exception de quelques minuscules signaux qui sont libérés pour aider le cerveau à récupérer. La plupart des méditations diffusent une fréquence comprise entre zéro et quatre hertz pour favoriser cet état de sommeil. Pour mettre cela en perspective, la note la plus basse enregistrée par l'homme est un si bémol sur une guitare basse, soit une fréquence de 35 Hz. Aucune note musicale n'est plus basse que cela. En d'autres termes, votre cerveau fonctionne à une fréquence exceptionnellement basse. Au cours de cette phase du sommeil, une hormone appelée acide gamma-aminobutyrique (GABA) est libérée. Le GABA est un transmetteur inhibiteur, ce qui signifie qu'il empêche certains signaux de pénétrer dans la colonne vertébrale et le cerveau. Il contribue donc à accroître l'humeur et les sentiments positifs dans le corps. Il vous protège des compagnons indésirables. La plupart des personnes qui se réveillent immédiatement après cet état se sentent rafraîchies et bien reposées.

Enfin, après 90 minutes dans chacun des trois états précédents, le cerveau entre dans le quatrième état de sommeil. Curieusement, c'est à ce moment-là que le cerveau commence à se rallumer et que l'on entre dans l'état de rêve le plus vivant. Dans cet état, votre corps est complètement paralysé, votre cortex peut être en train de traiter une série d'images ou de pensées aléatoires que vous avez eues pendant la journée ou avant de vous endormir. Votre cortex préfrontal est endormi, ce qui signifie que vous n'êtes pas en mesure de comprendre ou de donner un sens à ces images, et votre amygdale est bien éveillée. L'amygdale (le complexe amygdalien) est l'endroit où toutes les émotions et tous les souvenirs sont traités. Cela signifie que, pendant le sommeil, il n'est pas rare de voir le visage de personnes que l'on connaît ou de ressentir des sentiments et des pulsions très intenses.

Que faites-vous de vos rêves surréalistes ? Peut-être avez-vous rêvé que vous mangiez une glace aux pépites de chocolat dans une grotte de cristal ? Qu'en pensez-vous ? Ou ne devriez-vous pas en faire quelque chose ? Si c'est la façon dont votre cerveau se soigne après une longue journée, cette image a certainement un rôle essentiel à jouer dans son rétablissement.

Une fois que le cerveau a terminé ses quatre-vingt-dix minutes d'activation frivole, il revient au premier stade. Au cours d'une bonne nuit de sommeil, une personne peut passer plusieurs fois par ces stades avant de se réveiller.

Le cerveau et le rêve

Vous pouvez rêver pendant n'importe laquelle de ces quatre étapes, mais la façon dont vous rêvez est différente. Pendant le premier stade du sommeil, alors que vous vous endormez, vous pouvez faire des rêves hallucinogènes légers. Vous entendez peut-être quelqu'un vous appeler par votre nom. Selon l'urgence de la voix, vous pouvez vous réveiller ou, comme ma mère, l'ignorer et ne crier que si la personne n'arrête pas de vous appeler. Qu'en est-il des chuchotements juste avant le coucher ? Détendez-vous ; je doute qu'il y ait des fantômes dans votre maison. Si c'était le cas, vous le sauriez et vous seriez en train de lire un tout autre livre, non ? Si vous entendez des chuchotements, c'est un autre signe que votre cortex préfrontal s'éteint alors que votre cortex continue à reproduire de nouvelles idées ou des histoires anciennes racontées par de vieux amis. Si vous me disiez que vous pouvez comprendre ces chuchotements, nous aurions une autre conversation.

Au cours de la deuxième phase du sommeil, votre cortex vous assaille d'une série de mots, de pensées et d'idées. Rien n'est encore joué, et il n'y a pas d'intrigue ou de contexte, juste des fragments aléatoires de pensées. Je vais vous donner un exemple : « Le tigre court plus loin que le lapin » ; « Il y a peut-être un barbecue dans son oreille ou des lasagnes au dessert. » Ces fragments n'ont pas de sens. Ce sont des pensées, des sons et des idées qui passent, sans signification.

Ce n'est qu'au troisième stade du sommeil que vos idées et vos pensées commencent à prendre vie. Et quand je dis « prendre vie », je le pense vraiment. Pour de nombreuses personnes, c'est au cours de la troisième phase qu'elles souffrent de terreurs nocturnes ou de somnambulisme. Que vivent-elles ? Quand les personnes souffrent de terreurs nocturnes, c'est que le cortex préfrontal s'est réveillé alors que le reste du cerveau et du corps est encore profondément endormi. L'amygdale fait des heures supplémentaires et se plonge dans toutes les pensées et les images que le cortex lui envoie, laissant l'individu paralysé avec une série de questions sans réponse, et souvent terrifiantes.

Pensez-y de la manière suivante : vous vous êtes couché, mais vous vous êtes réveillé dans une jungle remplie de tamias chantants et de gorilles mangeurs d'hommes, mais vous ne pouvez pas bouger ou penser assez clairement pour vous rappeler que vous êtes toujours dans votre lit et que ces images ne sont pas réelles.

La paralysie du sommeil peut être une expérience effrayante pour de nombreuses personnes et se produit souvent chez les individus présentant des niveaux élevés de stress et d'anxiété. Pour les personnes qui souffrent de somnambulisme, c'est le contraire qui se produit. Le cortex préfrontal reste endormi, mais les inhibiteurs de la motricité du cerveau cessent de fonctionner, ce qui permet au corps de bouger. Ils ne rêvent pas, alors pourquoi bougent-ils ? N'oubliez pas que l'amygdale et le cortex fonctionnent toujours. Il se peut qu'ils adoptent des comportements habituels. Dans certains cas, les somnambules déplacent des objets dans leur maison. Comment peuvent-ils faire cela s'ils sont endormis ? S'agit-il de leur mémoire ? Ou peuvent-ils voir ? S'ils pouvaient voir, ils seraient capables d'enregistrer qu'ils sont sortis du lit. Il reste donc l'explication la plus plausible : ils jouent leur identité. Cependant, je soupçonne Freud d'avoir fait allusion à des pulsions plus alarmantes que le nettoyage des sols de sa maison. Vous m'avez compris. Enfin, lorsque le cerveau entre dans la phase REM (mouvement oculaire rapide), votre esprit est inondé d'images et de scènes mélangées à des fragments d'idées étranges que vous avez pu avoir dans les phases précédentes, créant ainsi une expérience de rêve vivante et étrange. Tout cela fait ressembler votre routine habituelle du coucher à un voyage en Sibérie. Il se passe tellement de choses dans votre cerveau lorsque vous dormez qu'il est étonnant que vous puissiez vous reposer. Une fois la phase REM terminée, le cerveau revient au premier état.

Se réveiller dans un rêve

Se réveiller dans un rêve et se réveiller d'un rêve sont deux choses très différentes. Ne vous méprenez pas. Lorsque vous vous réveillez dans un rêve, votre esprit devient lucide et votre cortex préfrontal est activé, comme dans le cas des terreurs nocturnes.

Les terreurs nocturnes et les rêves lucides ne sont-ils pas la même chose ? C'est une bonne question. Il est facile de supposer que c'est le cas, mais non. Le rêve lucide favorise un niveau de contrôle personnel que les personnes souffrant de terreurs nocturnes sont incapables d'exploiter. Le rêve lucide est un éveil volontaire du cortex préfrontal, tandis que les terreurs nocturnes sont un éveil inattendu ou erroné. Le rêve lucide est intentionnel et donc, lorsque vous vous réveillez dans votre rêve, vous pouvez découvrir certains indices qui vous aideront à distinguer le réel de l'irréel. Cette technique est également très utile pour les personnes souffrant de cauchemars. Cependant, elle ne fonctionne que lorsque l'esprit et le corps se sont suffisamment détendus pour se concentrer sur ce qui se passe. Une fois que l'esprit et le corps se sont apaisés, on peut remarquer des signes habituels du monde des rêves. Les rêves de chacun sont différents et, par conséquent, les indices peuvent varier d'une personne à l'autre.

Pour moi, les gouttes, les images en mouvement et les murs qui ondulent sont des choses que j'ai remarquées dans mes rêves tout au long de ma vie. Comme j'ai programmé mon cerveau pour qu'il perçoive ces indices, dès que je les vois, je me rends compte que je suis en train de rêver. Une fois que je suis conscient que je rêve, je peux changer les événements qui se déroulent. Par exemple, le pire cauchemar que j'aie fait, c'était à l'âge de dix ans. Dans ce rêve, je m'étais perdue avec ma sœur dans la cour de récréation de l'école. Alors que nous cherchions nos parents, nous sommes accidentellement tombées sur la chambre du cavalier sans tête. Il dormait dans le lit près du bureau de mon professeur de mathématiques. Lorsque nous sommes entrées, j'ai entendu ses rêves qui nous avertissaient de partir ou de périr. Je me suis réveillée avec les voix qui résonnaient encore dans ma tête.

Si j'avais compris l'art du rêve lucide à l'époque, les événements auraient pu se dérouler comme suit : je m'étais perdue avec ma sœur dans la cour de récréation de l'école. Nous avons cherché nos parents, mais nous ne les avons pas trouvés. Puis, nous sommes entrées dans une chambre. Permettez-moi de répéter cette dernière phrase. Nous sommes entrées dans une chambre. Cela aurait dû être le premier signal. Mais continuons, pour le plaisir.
Le cavalier sans tête dormait dans le lit à côté du bureau de mon professeur de mathématiques. Je ne peux pas être plus imaginative. Il n'y a pas de lits dans les classes de mathématiques. Et s'il y en avait, il faudrait trouver le génie qui a réussi à convaincre le professeur de mathématiques d'apporter cet accessoire. À ce stade, j'aurais dû me rendre compte que je rêvais et remodeler mon rêve en conséquence. Il n'y a pas de lit dans un cours de mathématiques. Peut-être s'agit-il simplement d'un canapé, et vos

parents sont assis là, à vous attendre pour que vous puissiez rentrer chez vous. C'est le soulagement et la paix ; cela semble facile, mais ce n'est pas le cas.

Oublier ou se souvenir

Si tout le monde rêve, comment se fait-il que nous ne nous souvenions pas tous de ces expériences ? Encore une fois, c'est une question qui a déconcerté les scientifiques pendant des siècles. D'une part, la raison pour laquelle on rêve reste un mystère et, d'autre part, comment certaines personnes peuvent-elles se souvenir de leurs rêves alors que d'autres n'y parviennent pas ? Cette question fait l'objet de milliers de théories, mais n'a pas de véritable réponse. La première est que certaines personnes peuvent se souvenir avec de l'entraînement tandis que d'autres ne le peuvent pas, peu importe le nombre de fois qu'elles essaient. La seconde est que les personnes qui se souviennent de leurs rêves peuvent, par coïncidence, s'être réveillées d'un rêve, ce qui facilite la mémorisation.

N'oubliez pas que votre amygdale joue un rôle important dans la façon dont vous traitez vos rêves. L'amygdale étant également responsable de vos souvenirs et de vos émotions, il se peut qu'elle n'ait pas été stimulée par votre rêve. Il se peut également que vous n'ayez pas rêvé du tout au cours de l'une ou l'autre des étapes.

Les statistiques montrent que certains médicaments et certains âges ont tendance à inhiber l'activité cérébrale tout au long des quatre stades du sommeil, ce qui met fin à tous les rêves. D'autres études montrent que les personnes qui mènent une vie très stressante ou qui luttent contre l'anxiété sont plus susceptibles de se souvenir de leurs rêves. Cela pourrait s'expliquer par le fait qu'il y a trop de stress dans leur corps pour que les inhibiteurs cérébraux puissent le bloquer.

Rêver reste un mystère. Personne ne sait pourquoi nous le faisons, pourquoi certains se souviennent de leurs rêves et pourquoi d'autres ne s'en souviennent pas.

Chapitre 2 : Pourquoi rêver est-il important ?

Introspection psychologique

Freud pensait que les rêves étaient des manifestations de nos plus grandes peurs, de nos désirs et de nos angoisses sexuelles. En outre, il a suggéré que les rêves comprennent nos pensées les plus taboues, à tel point que l'esprit humain déguise prudemment le sens du rêve avec des objets et des images ridicules. Freud pensait que la seule façon de comprendre la signification d'un rêve était d'analyser les objets qu'il contenait.

L'approche humaniste suggère que les rêves existent pour nous améliorer. Les humanistes pensent que ce qui est le plus important dans les rêves, ce sont les réactions que l'on a face à eux et à l'intérieur d'eux. La façon dont on se comporte dans le rêve est d'une grande importance. L'analyse de ce comportement peut vous aider à relever les défis de la vie réelle.

De même, l'interprétation humaniste des rêves suggère que la stimulation de l'environnement guide la nature et le déroulement du rêve. Par exemple, si votre employeur vous pousse constamment à travailler dur et à produire des projets remarquables, vous rêverez probablement que vous êtes poussé.

Comprendre vos rêves par rapport à votre vie éveillée vous aide à comprendre comment éviter que le rêve ne se reproduise et à réduire vos problèmes dans la vie réelle.

L'approche cognitive suggère que les rêves offrent la possibilité d'aborder des sentiments et des pensées que vous ne pouvez pas aborder pendant la journée, en particulier lorsque celle-ci est remplie d'activités. Il se peut que vous ne vous rendiez compte de votre stress qu'au moment de vous coucher, lorsque votre cerveau peut enfin traiter la douleur, l'énervement et la colère que vous avez ressentis plus tôt.

Toutes ces approches ont en commun d'affirmer qu'**ignorer un rêve, c'est s'ignorer soi-même.** Quel que soit le rêve, et aussi absurde qu'il puisse paraître, l'ignorer peut créer des difficultés supplémentaires dans votre vie et conduire à des entraves à la confiance en soi, au respect de soi, à l'identité et à la compréhension de soi. C'est comme si on se disait : « J'ai faim, mais ce n'est pas important. » Depuis quand « J'ai peur, je suis stressé, fatigué, en colère et malheureux » n'a-t-il plus d'importance ? Vous comptez, et vos rêves aussi.

Pour vous guérir et évoluer en tant que personne, vous devez analyser vos rêves. Pensez à votre dernier rêve : quels en étaient les thèmes ? Fuyiez-vous quelque chose ? Regardiez-vous le lever du soleil ? Que faisiez-vous ? Qu'en pensez-vous ?

Avez-vous eu peur ? Étiez-vous émerveillé ? Qu'en pensez-vous aujourd'hui ?

À l'âge de dix-huit ans, j'ai rêvé que j'étais entourée de « sirènes » maléfiques. J'étais sous l'eau et, bien que je puisse respirer, j'avais peur que les gens de mer ne me considèrent pas comme l'une d'entre eux et essaient de me détruire. Certains des thèmes de mon rêve sont l'eau, les créatures mythiques, le tribalisme et l'isolement.

La peur que j'ai ressentie dans ce rêve et son origine sont importantes pour comprendre ce qui se passait dans ma tête. Je n'avais pas peur de me noyer, je n'avais pas peur d'être incapable, j'avais peur de ne pas pouvoir m'intégrer. C'est une crainte compréhensible pour toute personne à la fin de l'adolescence, en particulier pour les jeunes de dix-huit ans qui doivent faire face à l'indépendance et au monde qui les attend.

Reconnaître ce qui se passe n'est qu'une partie du processus ; la deuxième partie consiste à faire face physiquement à cette peur. En comprenant que j'avais peur de ne pas être acceptée, j'ai pu moduler cette peur en me disant que tout le monde ne m'aimerait pas. Tant que je m'apprécierais, cela suffirait pour m'en sortir.

Traumatisme

Pour les personnes souffrant d'un traumatisme ou d'un trouble de stress post-traumatique (TSPT), le souvenir et l'interprétation des rêves peuvent constituer un complément utile à leur plan de rétablissement. Il existe une triste idée selon laquelle seuls les vétérans de guerre ou les victimes d'abus physiques peuvent prétendre avoir subi un traumatisme. Cette idée est fausse. Un traumatisme peut être la conséquence de n'importe quoi : un accident de voiture, quelques mots désobligeants lancés en passant, le stress ou des événements tragiques tels que la perte d'un membre de la famille. Le TSPT est caractérisé par l'existence d'au moins deux des symptômes suivants :

- cauchemars ;
- mémoire vive ;
- hypervigilance ;
- crises émotionnelles et physiques ;
- réactions de surprise ;
- difficultés de concentration.

Une étude réalisée par *Aco Staff* en 2018 a révélé que près de 17 % de tous les étudiants universitaires souffrent de TSPT. Compte tenu de ces statistiques et du rythme effréné du monde, il n'est pas étonnant que l'on s'intéresse de plus en plus aux rêves. Vous pouvez utiliser les rêves lucides pour traiter le TSPT et les traumatismes en appliquant les principes de la thérapie d'exposition. La thérapie d'exposition consiste à exposer lentement une personne à ses plus grandes peurs dans un environnement sûr et contrôlé.

Si vous avez peur des araignées, vous pouvez surmonter cette peur en vous exposant doucement à elles dans un rêve lucide. Le fait de pouvoir contrôler où et comment vous interagissez avec vos peurs peut faire des merveilles pour votre estime de vous et votre capacité à traiter vos peurs. Par exemple, vous pouvez entrer dans votre rêve, devenir lucide et interagir avec votre environnement pour atténuer votre arachnophobie. Vous pouvez faire apparaître une araignée géante et lui donner un chapeau amusant ou des talons violets. Vous pouvez donner une personnalité à l'araignée. Vous développerez une relation avec la créature et, en tant que meilleurs amis, vous ferez le tour de la galaxie ensemble. Un rêve aussi interactif et compatissant changera certainement votre perception des araignées. Si vous faites ce rêve plusieurs fois, vous entraînerez votre cerveau à voir les araignées différemment. Vous commencerez à les accepter et à les apprécier.

La même idée s'applique à la gestion des traumatismes.
Tout d'abord, il est important de comprendre ce qu'est un traumatisme. Un traumatisme n'est pas une

dépression ; il a un début spécifique, qui peut être reconnu par des pensées subconscientes, des peurs, des sentiments et des rêves. Une fois que vous savez ce qu'est votre traumatisme, vous pouvez commencer à le traiter.

Analysons le contexte de mon rêve de sirènes pour vous aider à mieux comprendre comment guérir vos traumatismes dans vos rêves.

À l'âge de 18 ans, j'étais victime de harcèlement à l'école. Mon rêve où je suis poursuivie par des sirènes hostiles représente mon traumatisme et mon sentiment d'isolement. Je pourrais faire le même rêve toutes les nuits, mais cela ne me servirait à rien. Je vais plutôt changer la façon dont les événements du rêve se déroulent. Je vais prolonger le rêve et lui appliquer une fin plus compatissante. Avant de pouvoir le faire, je dois planifier au-delà de ce qui s'est passé. Terminer mon cauchemar en me voyant réduit en esclavage par les sirènes n'arrangera pas mon traumatisme. Ce qui pourrait aider, c'est une fin que j'ai voulue dans la vie réelle. Peut-être qu'à la fin de mon rêve, je serai acceptée par les sirènes ou bien que je me vengerai d'elles. La question que je dois me poser est la suivante : « Qu'est-ce que je veux ? »

La réponse peut être très différente pour vous, et c'est normal, vous devez choisir ce qui vous aide à dormir la nuit. J'ai une nature assez fougueuse et j'aime les scènes de combat qui se terminent par une victoire. J'ai donc choisi de terminer mon rêve en trouvant ma place au sein d'une armée d'orques. Ensemble, nous sommes retournés dans la grotte des sirènes et nous nous sommes vengés. Les sirènes se sont retirées, et les orques et moi avons vécu le reste de nos jours dans le respect les uns des autres. Revoir ce rêve et le prolonger de cette manière m'a aidée à comprendre qui je suis. Maintenant, je peux accepter que je déteste la façon dont certaines personnes m'ont traitée, et je veux qu'elles voient que je suis heureuse sans elles. Je comprends que tout en moi n'est pas léger et heureux. Je peux me sentir heureuse après m'être vengée, et c'est normal. C'est humain. Cependant, cette acceptation ne peut venir que de l'ouverture de votre cœur et de votre esprit à qui vous êtes — le « vrai vous » que vous trouvez dans votre état le plus inconscient.

Je m'endors en acceptant la fin que j'ai construite. Je la rêve, je la contrôle et elle se produit. Mon cauchemar est devenu un merveilleux rêve d'héroïsme. Cette victoire ne m'affecte pas seulement dans mon sommeil, mais aussi dans ma vie éveillée. Maintenant, je peux commencer mon rétablissement en sachant que je ne suis pas une jeune femme faible et perdue que tout le monde déteste. Au contraire, je suis une personne forte qui sait qu'elle a de la valeur et qu'elle peut faire tout ce qu'elle veut. J'ai ma place, j'ai des amis et je suis importante.

Le docteur Stephen Aizenstat a développé cette pratique d'analyse et de prolongement des rêves pour aider à soulager les symptômes des survivants de traumatismes. Il s'agit d'une technique phénoménale et stimulante qui vise à aider les gens à réimaginer leur vie et à restructurer leur parcours. Elle permet aux survivants de traumatismes de jouer le rôle de producteurs et de commandants de leur propre vie plutôt que celui de victimes. Je refuse d'être la victime du rêve de quelqu'un d'autre et je pense que vous aussi.

Idées et succès

Des centaines d'hommes d'affaires, de scientifiques et de millionnaires célèbres ont entamé leur parcours de renom à partir d'un rêve dont ils se sont souvenus.

Stephen King, célèbre auteur de romans d'horreur, a affirmé que nombre de ses œuvres n'étaient que des scénarios issus de ses rêves. Dans ses interviews, il explique avec force comment il a utilisé ses rêves comme source d'inspiration pour ses livres. Je ne vais pas vous accabler de détails, mais c'est tout à fait pertinent.

Le musicien électro de renommée mondiale Richard D. James reproduisait les sons qu'il entendait dans ses rêves et les mixait dans ses albums. Sa musique lui a rapporté des millions.

Einstein pourrait être le rêveur le plus célèbre de notre époque. Nombre de ses théories reposent en grande partie sur les questions qu'il a posées en réfléchissant à ses rêves. Sa théorie de la relativité est née d'un rêve dans lequel il voyait des vaches sauter par-dessus une clôture. Combien de fois vous êtes-vous retrouvé allongé dans votre lit la nuit à compter les moutons, les vaches ou les cochons qui sautaient sur une petite botte de foin ? Einstein n'a pas accepté la scène comme étant dénuée de sens. Au lieu de cela, il a réfléchi à la façon dont chacune des vaches voyait la même scène différemment et pourquoi. C'est ainsi qu'est née la théorie de la relativité. Ces personnes ont utilisé leurs rêves pour inspirer leurs succès. Il est intéressant de penser que votre avenir n'attend qu'une chose : que vous vous souveniez d'un rêve.

Le rêve lucide ne se limite pas à la création de nouvelles idées. Le rêve lucide permet de se fixer un objectif et de l'atteindre. Le concept même de l'activité consiste à planifier et à se fixer des objectifs. Lorsque vous entrez dans un rêve et que vous devenez lucide, votre première tâche consiste à exercer une certaine forme de contrôle sur le rêve, qu'il s'agisse de choisir la couleur du ciel ou de faire quelques pas dans une certaine direction. Parfois, le plan est plus ambitieux, comme soulager un traumatisme, mieux se comprendre, écrire un livre ou résoudre un problème. Les rêves lucides vous permettent d'accomplir une tâche et, souvent, vous y parviendrez. Vous accomplirez ces tâches parce que vous aurez le contrôle.

Imaginez ce que vous ressentiriez si vous parveniez à atteindre vos objectifs de façon répétée. Vous ne deviendriez pas seulement un meilleur planificateur ; vous seriez plus confiant, votre estime de vous augmenterait, vos idées deviendraient plus grandes et vous vous sentiriez plus épanoui.

Vous pouvez vous souvenir d'une petite partie de votre rêve, tout comme Stephen King, mais le courage de poursuivre ce rêve, de l'améliorer, de l'étendre et de le partager avec le monde ne peut venir que d'un rêveur expérimenté. Stephen King, Richard James et Albert Einstein étaient des rêveurs lucides bien entraînés. Le fait d'être si bien entraînés les a aidés à trouver le courage de se battre pour ce en quoi ils croyaient et ce qu'ils voulaient, et à prendre leur avenir en main. Ils ont laissé le monde de leurs rêves donner de l'élan à leur vie de tous les jours.

C'est ainsi que le rêve lucide peut vous aider à réussir.

Chapitre 3 : Qu'est-ce que le rêve lucide ?

L'histoire

Le rêve lucide a une histoire longue et complexe qui remonte à des milliers d'années avant la naissance du Christ. Le premier cas de rêve lucide documenté a été trouvé dans le *Traité hindou de l'amour conjugal*, puis transcrit dans *Le Livre des morts tibétains*. Il convient de noter que le rêve lucide a été pratiqué bien avant qu'il ne fasse l'objet d'écrits. De nombreuses tribus africaines racontent que les rois et les reines recevaient la visite de leurs ancêtres en rêve. Les Égyptiens étaient connus pour analyser leurs rêves et utiliser des symboles et des signes pour en comprendre le sens.

Les musulmans, les Bantous, les Canaanites, les Pygmées, les Portugais et les Romains se sont tellement mélangés le long des routes du Nil de l'Afrique ancienne qu'il est impossible de dire où et comment cette pratique a vu le jour.

En Égypte et dans de nombreuses autres capitales africaines, on croyait que les rêves lucides étaient des messages envoyés par les dieux pour prédire l'avenir. Dans certaines capitales d'Afrique centrale, les rêves lucides étaient des dons de sagesse ou de créativité, accordés à quelques élus. Au Tibet et en Inde, les rêves lucides étaient une prescription pour la guérison. Dans la Grèce antique, les rêves lucides n'avaient pas plus d'importance que les rêves eux-mêmes. Avec tout ce que la science nous a montré aujourd'hui, ces croyances historiques ne sont pas plus justes que fausses. La vérité réside dans ce que vous croyez. Le pouvoir vient de votre croyance d'avoir du pouvoir. Si vous trouvez un sens à vos rêves, vous leur donnez le pouvoir d'influencer votre vie. Cependant, tout commence par un bon état d'esprit.

Si vous ne croyez pas que les rêves ont un sens, vous ne vous en souviendrez jamais. De même, si vous croyez constamment que vos cauchemars sont trop pénibles pour être vécus, vous ne vous en libèrerez jamais, vous ne grandirez jamais et vous ne serez jamais libre.

Vous devez reconnaître que les rêves peuvent changer votre vie. Si vous croyez que vos rêves peuvent vous aider à voir l'avenir, ils le feront. Si vous croyez qu'ils peuvent vous aider à réussir, ils le feront. Mais vous devez y croire de toutes vos forces. Le potentiel de vos rêves n'est limité que par vous-même.

La science

Le rêve lucide n'a été accepté par la communauté scientifique qu'en 1978, malgré le nombre de personnes et de cultures qui en revendiquaient l'existence et les bienfaits. Le premier récit plausible a été envisagé par Cecilia Green dans les années 1960 dans son étude sur les faux réveils. Cependant, la première preuve scientifique a été obtenue en 1975 lorsque Keith Hearne, un chercheur renommé en matière de phénomènes psychiques, a remarqué que l'œil d'un volontaire se contractait pendant son sommeil.

Les faux réveils et les mouvements des yeux ont révélé que, pendant le sommeil, les volontaires étaient suffisamment conscients pour ressentir les effets de leurs rêves et y réagir. Ce phénomène d'éveil du cortex préfrontal pendant le sommeil n'avait jamais été observé, analysé ou expliqué par un praticien. Ces résultats ont surpris la communauté et ont donné lieu à de nombreuses études visant à approfondir le domaine du rêve lucide. Mais la véritable preuve n'a pas été trouvée en analysant les gens.

Et si je vous disais que la plupart des études qui ont prouvé l'existence du rêve lucide ont été réalisées sur des chats ? Oui, des chats !

À l'aide d'IRM et autres outils, les scientifiques ont pu scanner et analyser le fonctionnement du cerveau des chats aux différents stades du sommeil. Ces scanners ont prouvé que le cortex préfrontal du cerveau était toujours actif pendant le sommeil.

Ainsi, la prochaine fois que vous plaisantez sur le fait que votre chat veut vous tuer dans votre sommeil, sachez qu'il pourrait s'agir d'un de ses rêves lucides récurrents, dans lequel il est pleinement conscient de ses actes. Quelques années plus tard, les mêmes analyses ont été effectuées sur des humains et les résultats se sont révélés identiques. Les gens, comme les chats, peuvent devenir conscients dans leurs rêves et, ce faisant, les contrôler.

Comment ça marche ?

Pour devenir lucide dans un rêve, vous devez prendre conscience que vous rêvez en activant votre cortex préfrontal.

Comment y parvenir si le rêve lucide n'est possible que dans le quatrième état de sommeil, lorsqu'une grande partie du cerveau ne fonctionne pas ?

Il existe plusieurs méthodes pour réveiller le cortex préfrontal. La première consiste à prononcer quelques affirmations avant de vous coucher, en confirmant avec votre esprit et votre corps que vous allez participer à l'acte de rêve lucide.

Cela vous semble trop beau pour être vrai ?

Pensez-y de la manière suivante : avez-vous déjà essayé de faire en sorte que votre corps se réveille de lui-même sans utiliser de réveil ? En disant simplement à votre corps de se lever à une certaine heure, votre horloge biologique dans votre cerveau vous permet de vous réveiller à la même heure tous les jours. Le réveil n'est qu'une invention conçue par des personnes anxieuses. Les affirmations de rêve lucide fonctionnent de la même manière.

Une autre méthode consiste à analyser les environnements réalistes et non réalistes. Regardez n'importe quelle nouvelle animation et essayez de décrire les parties qui sont impossibles à réaliser et celles qui pourraient être considérées comme réalistes. Le cochon vole-t-il dans le film ? Est-ce possible dans la réalité ? Les lapins peuvent-ils peindre des pièces en bleu ? Les pièces bleues existent-elles ? Vous pouvez facilement savoir si vous êtes dans un rêve ou non en vous entraînant à différencier les rêves de la réalité. Si les cochons volent, vous êtes en train de rêver ; mais si la pièce est bleue, ce n'est peut-être pas le cas.

Distinguer un rêve de la réalité peut s'avérer délicat, surtout lorsque l'on n'a pas immédiatement accès au centre de raisonnement logique. Rassurez-vous : plus vous vous entraînerez, plus cela deviendra facile et plus votre cortex préfrontal se réveillera rapidement.
Si vous souhaitez vous divertir immédiatement, sans avoir à vous pencher sur le comment et le qui, vous pouvez essayer d'écouter des fréquences comprises

entre 25 et 40 Hz. Ces fréquences, associées aux deuxième et troisième stades du sommeil, obligent le cortex préfrontal à rester actif alors que le reste du cerveau et le corps tombent dans le sommeil.

Enfin, il existe également des appareils que vous pouvez acheter ou fabriquer pour vous aider à identifier les moments où vous dormez. Les masques de nuit connectés présentent une série d'images qui s'éclaircissent ou s'assombrissent lentement, en fonction de votre rythme de sommeil. Lorsque vous vous endormez, le masque présente une image de couchers de soleil qui s'assombrit. Au réveil, le masque présente une image lumineuse d'un lever de soleil. Tout au long de la nuit, vous pouvez programmer de petites lumières clignotantes. Ces scintillements ne seront pas assez lumineux pour vous réveiller, mais vous pourrez les identifier dans votre état de rêve. En les identifiant dans votre état de rêve, vous serez également en mesure d'identifier que vous êtes endormi. Le même principe s'applique au réglage d'une ampoule à une heure précise ou à la programmation d'une alarme basse sur votre téléphone à une heure donnée. Les résultats vous fascineront peut-être.

Types de rêves lucides

Rêves initiés induits par l'éveil
Les scientifiques ont émis l'hypothèse qu'il existe deux types de rêves lucides. Les rêves lucides initiés

par l'éveil se manifestent lorsque des pensées réfléchies continues sont ressenties pendant l'endormissement. Il est très difficile de faire des rêves initiés induits par l'éveil, car il faut garder l'esprit conscient pendant l'endormissement. Penser clairement et dormir sont deux activités opposées. Avez-vous déjà essayé de penser rationnellement en état d'ébriété ou d'épuisement ? C'est presque impossible. Mais de temps en temps, quelque chose d'important fait monter l'adrénaline et vous permet de vous concentrer sur ce qui doit être fait. Les rêves initiés fonctionnent de la même manière. Il faut le vouloir assez fort et s'entraîner. Un jour, lorsque votre esprit sera suffisamment développé, vous en ferez l'expérience et vous vous sentirez encore plus puissant.

Ce sont des expériences conscientes, ciblées, planifiées et forcées de rêve lucide. Il faut un rêveur exceptionnellement bien entraîné pour initier un rêve lucide immédiatement après s'être endormi. Il s'agit d'une compétence indispensable si vous souhaitez prendre votre vie en main. Pouvoir passer facilement de l'état de veille au rêve lucide est extrêmement bénéfique. Si vous pouvez contrôler votre esprit à ce point, imaginez tout ce que vous pouvez accomplir.

Je vais vous raconter l'histoire de mon premier rêve initié. C'était un dimanche, j'étais avec ma famille à la maison, nous prenions un grand déjeuner dominical. Tout au long de ma vie, ma mère a préparé un grand repas le dimanche après-midi. J'avais donc bien mangé et, le ventre inconfortablement rempli, je suis allé m'allonger.

En regardant son vieux plafond cassé depuis le matelas posé sur le sol du salon, je n'ai pas pu m'empêcher de penser à tous les toits cassés sous lesquels j'avais dormi. J'ai donc décidé de me glisser dans un rêve, de voler sur le toit et de le réparer. Je me suis concentrée sur mon objectif. Presque instantanément, je me suis détachée de mon corps. J'étais comme un fantôme attachée par une corde à ma forme endormie en bas. Le nez pointé vers le ciel, je me suis envolée et j'ai traversé le plafond. Au-dessus de notre toit et entourée de nuages blancs et cotonneux, j'ai regardé mes mains, concentrant sur elles toute mon intention, mon amour et mon attention. J'ai posé mes paumes sur le toit et j'ai forcé les tuiles à se multiplier et à couvrir les trous. J'ai eu l'impression que quelque chose en moi était poussé vers l'extérieur. C'était comme si quelque chose au plus profond de moi était tiré par une corde vers le ciel ouvert et fixé à notre toit brisé. Lentement, le trou s'est refermé et j'ai flotté vers mon corps.

En me réveillant, j'ai su que les choses allaient changer. La semaine suivante, une maison de trois pièces dans un bon quartier a été mise en vente à un prix étonnamment bas. J'ai versé un petit acompte et, par un coup de baguette magique, je l'ai eue. J'ai trouvé dans mon rêve le courage de faire le pas suivant. J'ai cru que je pouvais arranger les choses, et c'est ce que j'ai fait. Tel est le pouvoir d'un rêve initié.

Rêves initiés induits par le rêve

Les rêves lucides initiés par le rêve sont spontanés. Les rêves de ce genre ne se manifestent pas par le contrôle et la concentration. Ils peuvent avoir été planifiés, mais ils ne sont pas forcés comme les rêves induits par l'éveil. Il n'est pas nécessaire d'avoir un esprit fort et concentré pour faire un rêve comme celui-ci, mais votre esprit doit être ouvert au monde, aux nouvelles expériences et aux nouvelles possibilités.

Environ 80 % des rêves lucides sont des rêves initiés induits par le rêve. L'un des moyens de savoir que vous faites un rêve comme celui-ci est de devoir y réfléchir. Si vous n'êtes pas sûr ou si vous devez être guidé par de petits indices pour reconnaître que vous rêvez, c'est que vous êtes en train de faire un rêve induit par le rêve.

Lorsque vous faites un rêve induit par l'éveil, vous savez immédiatement où vous allez. Dans le cas d'un rêve induit par le rêve, en revanche, vous ne savez que vous êtes en train de rêver que pendant le rêve.

Dans ce genre de rêve, vous prenez peu à peu conscience de l'absurdité du rêve. Vous vous concentrez sur des objets, des situations, des écrits et des images. Dans un rêve, rien n'est figé. Les choses sont toujours déformées et en mouvement.

C'est pourquoi, si vous parvenez à vous centrer pendant un moment et à vous concentrer sur une seule chose, vous parviendrez à la lucidité.

Cette prise de conscience que vous rêvez fait de vous un observateur, un participant et le réalisateur de votre rêve. Vous n'êtes plus un acteur tâtonnant et marmonnant sur pilote automatique ou suivant le plan de quelqu'un d'autre. Au contraire, vous devenez fort, inflexible et courageux.

Je vais vous donner un exemple de rêve induit par le rêve que j'ai fait lorsque j'ai commencé à pratiquer le rêve lucide.

C'était quelques mois après la retraite spirituelle. Un membre de ma famille était décédé tragiquement et j'avais désespérément envie de retrouver ce sentiment de contrôle et de pouvoir. Je voulais le voir. Je voulais rêver de lui et savoir que je rêvais pour pouvoir lui dire au revoir. Chaque jour, je m'asseyais dans un cercle de jolies pierres que j'avais fabriquées pour essayer d'initier un rêve par l'éveil afin de pouvoir parler à l'être cher. Je n'ai pas réussi. J'ai eu beau prier, supplier, étudier, rien n'y a fait.

Un jour, j'ai décidé que j'étais fatiguée d'essayer. J'ai fermé les yeux avec un regret solennel et je me suis endormie, sans autre but que de me reposer. Et c'est à ce moment-là que cela s'est produit. J'étais toujours allongée sur mon matelas, mais je n'étais pas censée le savoir. J'étais censé dormir et, si ce n'était pas le cas, je voulais me lever, mais je ne trouvais pas la force dans mes bras pour me mettre debout. J'ai essayé de donner un coup de pied, de crier ou de bouger. À cause de la lutte, j'ai basculé de mon matelas sur le côté et sur le sol. Cette chute m'a fait sursauter. Le besoin de m'éloigner du sol a envahi mon esprit et je me suis soulevée (j'ai flotté) au-dessus du sol. C'est alors que j'ai su que je rêvais. J'ai testé cette nouvelle capacité de vol dans le salon en traversant un miroir. Dans le miroir, j'ai vu des choses infernales dont je ne parlerai pas, mais j'ai réussi à atteindre un autre côté rempli d'œillets dorés, la fleur préférée de mon cher disparu.

J'ai volé à travers le champ et glissé dans le ciel bleu et les nuages blancs, jusqu'à ce que je le voie marcher joyeusement dans le champ, portant un panier de fleurs. Je n'ai pas crié. Je ne sais pas pourquoi, mais je pense que je me suis dit qu'il était occupé. Le voir heureux et en bonne santé était tout ce dont j'avais besoin. Je ne voulais pas troubler son repos, et je n'avais plus besoin de troubler le mien. Je me suis imaginée de nouveau dans mon corps et *pouf*, j'étais là. Je me suis réveillée en sursaut, en respirant bruyamment, car j'étais tombée de mon matelas. Cela n'a fait que rendre l'expérience plus réelle. Le rêve lucide m'a permis de tourner la page, d'aller de l'avant et de trouver la paix. Tous types de rêves induits sont précieux. Sans eux, il n'y a pas de concept de rêve lucide du tout, pas de moyen de pratiquer et pas de moyen de prendre le contrôle de notre esprit et de notre vie.

Partie 2 : Ce dont vous avez besoin pour faire un rêve lucide

Avant d'essayer de courir un marathon, il faut d'abord apprendre à marcher, n'est-ce pas ? Il en va de même pour le rêve lucide. Vous devez vous engager dans de petites pratiques et une compréhension mentale avant de tenter les grandes choses. Cela ne signifie pas que vous ne pouvez pas essayer les exercices les plus intimidants ; essayez-les. Cependant, reconnaissez pourquoi ils pourraient vous fatiguer et pourquoi ils pourraient ne pas fonctionner.

Avant de tomber parfaitement dans un rêve par l'éveil, vous devez comprendre et pratiquer le rêve lucide lorsque vous êtes éveillé. Savoir se détendre et sortir de la réalité est l'une des premières choses avec lesquelles vous devez vous familiariser. La technique de l'hypnagogie, la méthode membre par membre, la méthode Salvador Dali et l'approche par la parole sont toutes des méthodes étonnantes qui vous aideront à surmonter les difficultés liées à l'induction d'un rêve lucide. Au fur et à mesure que vous progresserez dans vos exercices et pratiques, vous franchirez les cinq étapes du rêve lucide. À chaque étape, vous découvrirez une nouvelle facette de vous-même, vous plongerez plus profondément dans le monde des rêves, vous poserez des questions et trouverez des réponses à des questions que vous n'auriez jamais cru pouvoir poser. Vous repousserez les barrières et combattrez les limites, et tout ce que vous trouverez dans vos rêves vous inspirera dans votre vie de tous les jours. Vous finirez par devenir un individu fort, courageux et inflexible, capable non seulement d'accomplir tout ce qu'il entreprend, mais aussi de faire preuve de sagesse, de compassion, de compréhension, de connaissance, d'observation et de gentillesse.

Chapitre 4 : Comment s'endormir consciemment ?

Technique de l'hypnagogie lucide

L'état hypnagogique est une expérience sensorielle miraculeuse et hallucinogène qui se produit au moment de l'endormissement. Une fois que vous l'aurez compris et que vous vous serez familiarisé avec lui, vous le reconnaîtrez à chaque fois qu'il se produira. Il est essentiel de se familiariser avec cet état pour provoquer des rêves éveillés. En restant conscient tout en étant bercé par le sommeil, vous pouvez façonner vos visions et vos désirs pour vous conduire dans le paysage de rêve lucide de votre choix.

L'état hypnagogique commence généralement par des taches de couleur luminescentes violettes et vertes qui clignotent dans l'obscurité de vos yeux fermés. À partir de ces couleurs, vous pouvez ressentir divers visions, sons, sensations et pensées au fur et à mesure que vous avancez vers le sommeil. Ces expériences sensorielles sont tangibles. Si vous vous concentrez suffisamment sur elles, vous pouvez les manipuler pour qu'elles apparaissent comme vous le souhaitez. Fermez les yeux et couvrez-les avec la paume de vos mains. Respirez profondément et restez concentré en essayant de voir à travers vos paupières, comme si vous regardiez au loin. Que voyez-vous ? Voyez-vous des formes et des couleurs ? C'est presque comme une peinture géométrique déformée. Les rouges, les bleus et les verts devraient tous ressortir. Ce n'est pas de la magie, c'est de la science. La fovéa centrale est un ensemble de petits cônes et bâtonnets situés à l'arrière de nos yeux qui réagissent à la lumière et nous aident à voir les couleurs. Nos yeux sont programmés pour voir le noir, le blanc, le rouge, le vert et le bleu. Sous un éclairage différent, les cônes et les bâtonnets peuvent se combiner pour former des roses, des violets et des jaunes. Si vous êtes daltonien, vous avez une proportion unique de cônes et de bâtonnets à l'arrière de vos yeux, ce qui vous fait voir les couleurs différemment.

Mettez les mains sur vos yeux, habituez-vous à vos motifs géométriques. Ils sont aussi beaux et uniques que vous. Souvenez-vous-en et permettez-vous de vous y confronter aussi souvent que vous le souhaitez. Familiarisez-vous avec eux pour que, pendant votre sommeil, vous puissiez reconnaître ce qui se passe et rester lucide.

Une fois que vous vous êtes familiarisé avec cet état d'esprit, vous pouvez essayer de le manipuler pour provoquer un rêve lucide. Je veux que vous trouviez une pièce sombre et que vous vous allongiez comme si vous vous apprêtiez à vous endormir. Fermez les yeux, mais observez l'obscurité. Respirez profondément et détendez votre corps. Faites taire votre esprit par la méditation et permettez-vous de prendre conscience de vos sentiments, de vos pensées passagères et de votre environnement. Que ressentez-vous ? Quelle est votre odeur ? Avez-vous faim ? Êtes-vous triste ? Reconnaissez ces sentiments et laissez-les partir. Peu à peu, les motifs géométriques se dessinent et deviennent de plus en plus lumineux. Jouez avec ces images, visualisez-en de nouvelles et incorporez les anciennes. Essayez de raconter une histoire avec les motifs, de faire surgir des souvenirs et d'évoquer des personnes ou des lieux. Le sommeil finira par vous vaincre et votre esprit rêveur prendra le contrôle ; instantanément, vous vous retrouverez conscient dans le royaume de l'inconscient, dans un monde que vous aurez créé. L'ensemble du processus ne devrait pas prendre plus d'une heure. Il vous faudra peut-être quelques essais pour y parvenir, donc n'oubliez pas de rester calme et détendu. Même si vous forcez un rêve lucide, vous ne vous forcez pas à dormir. L'idée est de permettre à votre esprit de s'accrocher au rêve et de le contrôler tout en vous forçant à dormir. Ce n'est pas évident, surtout si vous êtes enthousiaste à l'idée de cette pratique. Restez calme ; cela arrivera quand cela arrivera. Il n'y a pas grand-chose que vous puissiez contrôler en ce moment. Rien ne se fait en un jour. Laissez-vous entraîner à ce phénomène afin d'être reconnaissant d'avoir conquis ce qui semble impossible lorsque vous réussirez enfin. Si vous réussissez tout de suite, vous avez raison d'être fier.

Donnez-vous la chance d'être fier de vos efforts, de votre créativité et de votre courage.

Relaxation membre par membre

La technique de relaxation de Jacobson, ou relaxation membre par membre, est une technique de thérapie du sommeil qui consiste à tendre et à détendre les muscles selon des schémas spécifiques. L'objectif est de relâcher la tension de vos muscles tout en gardant votre esprit concentré et conscient de la tension dans votre corps, de vos objectifs et désirs. L'art de tendre et de relâcher les muscles détend le corps et l'esprit.

Trouvez un endroit calme pour vous reposer. Commencez par plisser le front. Levez les sourcils et fermez les yeux aussi fort que possible. Créez autant de tension que possible dans votre visage. Maintenez cette position, puis détendez lentement chaque partie de votre visage. Relâchez votre mâchoire, sentez vos joues tomber et laissez vos yeux s'abaisser. Une fois que vous avez terminé avec votre visage, tendez vos bras, vos épaules et vos doigts. Enroulez vos bras autour de votre torse et serrez-vous aussi fort que possible. Faites-vous cette accolade merveilleuse, chaleureuse et reconnaissante que vous avez retenue. Inspirez et maintenez cette position. En expirant, laissez vos bras tomber le long de votre corps et laissez vos doigts s'ouvrir largement.

Ensuite, c'est votre poitrine qui inspire profondément et permet à l'air d'affluer dans votre ventre. Pressez l'air à l'intérieur de vous en resserrant votre poitrine et votre abdomen. Expirez lentement et laissez l'air s'échapper. Reconnaissez la sensation de votre respiration. Est-elle chaude, froide, irrégulière ou douce ? N'essayez pas de la modifier ; prenez-en simplement conscience.

Je veux que vous serriez vos fesses, vos cuisses et vos hanches. Vous devriez sentir votre peau se rapprocher en un amas ferme et serré. Ensuite, serrez vos orteils et recroquevillez-les vers l'intérieur, puis fléchissez vos mollets et étirez vos jambes. Relâchez les orteils, les mollets, les cuisses et les fesses les uns après les autres.

Enfin, contractez les muscles de votre dos. Courbez votre colonne vertébrale vers l'extérieur, comme si vous vous repliiez sur vous-même. Respirez profondément et maintenez cette position. Lorsque vous êtes prêt, détendez vos muscles et laissez votre dos se redresser contre la surface sur laquelle vous êtes allongé. Vous devriez maintenant avoir l'impression de vous enfoncer de plus en plus profondément dans le monde des rêves.

Autorisez-vous quelques réflexions de dernière minute. Installez-vous confortablement et préparez-vous à faire un rêve lucide. Pendant que vous vous endormez, planifiez votre destination finale.

Imaginez le décor et jouez avec les petits éclats de lumière qui se reflètent derrière vos yeux. Lorsque vous vous endormirez, votre esprit sera suffisamment conscient pour explorer le monde de vos rêves.

Cette technique ne se contente pas d'induire des rêves lucides. Elle est recommandée par les thérapeutes cognitivocomportementaux en raison de son potentiel à soulager le stress et les attaques de panique. On a également constaté qu'elle réduisait la tension artérielle, ralentissait le rythme cardiaque et diminuait la fatigue, les douleurs musculaires, l'anxiété et la dépression. L'incorporation de la technique Jacobson vous permettra certainement de vous sentir plus heureux et en meilleure santé.

Les bienfaits du rêve lucide, combinés à cette méthode, créent un sentiment de plaisir accru qui vous rend plus fort et vous restaure. Ensemble, ces deux pratiques peuvent vous aider à devenir la personne que vous avez toujours espéré être. Mais n'oubliez pas que toute pratique prend du temps. Ne vous attendez pas à ressentir les changements dès le premier essai. Faites l'expérience du voyage, explorez les options qui s'offrent à vous et profitez du processus.

Sommeil lucide avec une clé

Salvador Dali dormait rarement, ce qui explique peut-être certaines de ses idées les plus discutables, mais aussi les plus compliquées et les plus profondes.

Au lieu de se reposer, Salvador s'évadait dans le royaume des rêves lucides aussi souvent qu'il le pouvait. Alors qu'il se préparait à dormir, il s'installait sur une chaise située au-dessus d'une plaque métallique. Il tenait dans ses mains une lourde clé en métal qui, pendant qu'il s'assoupissait, tombait et s'entrechoquait contre la plaque de métal sur le sol. Dali se réveillait, mais pas complètement. Sa conscience s'éveillait dans son rêve et lui permettait de s'attaquer à des théories et à des idées stimulantes.

Imaginez que vous puissiez entrer dans le rêve de Salvador Dali. Quelles particularités verriez-vous ? Quelles entités étranges rôderaient ? Quels objets bougeraient et communiqueraient ? Que vous diraient-ils ?

Salvador Dali était tellement fasciné par le monde de ses rêves qu'il souhaitait les transposer dans sa vie éveillée. Ses idées nocturnes ont donné naissance à la théorie du surréalisme. Le surréalisme est devenu un mouvement mondial dans les domaines de l'art, de la musique et du théâtre dans les années 1920. Le mouvement vise à explorer le domaine des rêves, de l'étrange et de l'impossible dans le monde de l'éveil.

Des peintures de lacs mauves et de ciels jaunes tapissaient les murs des élitistes. La musique décrivant des promenades nocturnes dans des bâtiments abandonnés remplissait tous les restaurants de la ville. Des pièces de théâtre racontaient des histoires étranges de lapins monstrueux et de lits qui bougent.

Qui mieux que l'homme qui a donné vie aux rêves peut inspirer notre monde de pratique des rêves ? Commencez par pratiquer la technique de Dali pendant que vous êtes éveillé. Asseyez-vous confortablement dans une pièce calme et sombre et, comme lui, trouvez un objet lourd à tenir. Il peut s'agir d'un livre, d'un collier lourd ou même d'une chaussure. Détendez-vous. Méditez, respirez profondément et reconnaissez vos pensées secondaires. Laissez-les s'évanouir comme l'objet que vous tenez dans vos mains. Lorsque vous vous endormez, laissez tomber l'objet que vous tenez dans votre main. Pendant les quelques secondes où l'objet s'écrase sur le sol, prenez conscience des visions qui vous viennent à l'esprit. Lorsqu'il touche le sol, réveillez-vous, prenez un stylo et du papier et écrivez votre expérience. Décrivez votre expérience avec le plus de détails possible.

Une fois que vous avez fait cela, analysez les images. Qu'est-ce que ces images vous apprennent sur vous-même ? Pourquoi pensez-vous avoir vu ce que vous avez vu ? Comment pensez-vous que vos visions peuvent vous aider ?

Pratiquez cet exercice aussi souvent que vous le souhaitez jusqu'à ce que vous puissiez entrer et sortir d'un rêve lucide rapidement et sans difficulté. Lorsque vous êtes prêt, préparez-vous à effectuer cet exercice au moment du coucher. Prenez un objet lourd juste avant de vous coucher. Trouvez un objet dont la texture est différente de celle des objets posés sur votre lit. Tenez cet objet près de votre poitrine. Pendant que vous vous endormez, restez conscient de la sensation de l'objet dans vos mains. Au fur et à mesure que vos muscles se détendent et se contractent, votre esprit se rappellera votre objectif. Vous vous réveillerez dans votre rêve et pourrez explorer pleinement votre esprit.

Bien sûr, il est important de vous rappeler que perdre le sommeil dans la poursuite du rêve lucide va à l'encontre de l'objectif de ce livre. Vous ne pouvez pas vous retrouver ou atteindre vos objectifs si vous êtes fatigué, malade ou frustré. Vous avez besoin de dormir. Le rêve lucide ne doit pas y faire obstacle. Le rêve lucide doit vous donner l'impression d'être bien reposé. Si ce n'est pas le cas, vous risquez d'être trop conscient pendant votre sommeil. Essayez donc ces exercices autant que votre esprit et votre corps vous le permettent. Si vous avez du mal à rester éveillé, dormez. Ne vous forcez pas à rester éveillé pour faire un rêve. Il y a de fortes chances que vous soyez trop fatigué pour vous en souvenir. Dormez quand vous en avez besoin et entraînez-vous quand vous vous sentez fort. Vous avez toute la vie pour y parvenir. Tout le monde trouve sa voie au moment opportun. Personne ne peut dire quand ce sera le cas. Si nous le savions, nous serions tous des gens brillants et prospères. Il suffit d'attendre, d'être patient et vous finirez par y arriver.

Parler pour s'endormir

Nous utilisons tous une voix interne dans notre processus de réflexion. Nous utilisons cette voix pour reconnaître et confronter notre comportement, nos sentiments, nos décisions, nos projets et nos conversations. Par exemple, lorsque vous préparez un discours, vous pouvez répéter vos mots dans votre tête. Ou encore, lorsque vous étudiez, vous pouvez passer les informations en revue dans votre tête. La voix que vous entendez lorsque vous participez à ces activités est votre voix interne. Le ton, l'emplacement et la sensation de cette voix sont très importants dans ces activités. Ces traits contrôlent la façon dont nous nous percevons et dont nous percevons le monde qui nous entoure. Par exemple, lorsque vous appreniez à conduire, vous traiter d'idiots dans votre tête ainsi que les autres conducteurs, n'était pas très utile. Les qualifier ainsi en dehors de votre esprit l'était encore moins. Tout ce que ce ton de voix fait, c'est de vous énerver, de vous mettre en colère et de vous frustrer. C'est comme si une personne vous criait dessus depuis le siège du passager. Cela vous distrait et ne vous aide pas à penser clairement.

Bien entendu, lorsque vous vous endormez, vous devez éviter d'adopter le ton d'un conducteur en colère. Vous devriez plutôt utiliser la voix que vous avez utilisée le jour où vous vous êtes senti brisé, mais où vous avez réussi à vous relever. C'est la voix que vous voulez pour cet exercice. C'est une voix qui pardonne, qui est gentille et compatissante. Elle est compréhensive ; elle n'est pas sévère. Elle est inflexible parce qu'elle ne vous laissera pas abandonner. La prochaine fois que vous entendrez votre voix intérieure, redirigez doucement vos pensées vers un ton plus compatissant. Lorsque vous pensez « Je dois monter dans la voiture tout de suite ou je vais encore être en retard », dites à votre voix intérieure de changer et de recommencer : « Je devrais prendre la voiture maintenant, mais je dois aussi m'occuper de cette tâche et me calmer avant de conduire. Je vais être en retard au travail, mais cela ne diminue pas ma valeur. »

Vous vous sentirez plus calme, et lorsque vous êtes calme, vous pouvez agir rapidement et en tenant davantage compte de votre situation et de votre environnement. Lorsque vous paniquez et pensez avec colère, vous bégayez et trébuchez.

Une fois que vous pouvez contrôler votre voix intérieure, vous êtes prêt à vous endormir par la parole. Allongez-vous dans votre lit et mettez-vous à l'aise. Fermez les yeux et respirez profondément. Parlez-vous doucement pour vous endormir.

Donnez-vous une raison de croire en vous, en vos rêves et en l'acte de dormir. Pardonnez-vous les erreurs de la journée et lâchez prise sur les pensées ou les sentiments négatifs que vous pourriez avoir. Vous pouvez utiliser des affirmations, des poèmes et des discours motivants pour vous bercer dans le royaume des rêves. Se parler pour s'endormir est un excellent moyen de garder son cerveau conscient. Lorsque vous entrez dans le monde des rêves, votre voix intérieure vous réveille et vous rappelle votre objectif.

Chapitre 5 : Conseils et stratégies

Comme pour la plupart des compétences, on s'améliore en matière de rêve lucide à mesure que l'on s'exerce. Mais si vous êtes débutant, il peut être intimidant de s'atteler à une tâche dont vous ne connaissez pas grand-chose. Je vais donc vous donner quelques conseils pour vous aider à démarrer.

Hygiène du sommeil

Une bonne hygiène du sommeil est essentielle pour un sommeil paisible et des rêves lucides. Se sentir sale perturbe forcément le sommeil, alors prenez le temps de vous laver le visage et le corps avant de vous coucher. Bien qu'un bain chaud soit préférable parce qu'il apaise l'âme, brûle des calories et favorise la dopamine et les sentiments heureux, vous pouvez obtenir le même effet avec une douche froide ou un seau d'eau et un chiffon.

Lorsque j'étais enfant, nous étions souvent confrontés à des coupures d'eau. Nous achetions de l'eau au magasin, la faisions bouillir dans la bouilloire et prenions un bon bain chaud dans un seau avec un chiffon et une éponge. Bien que ce ne soit pas l'idéal, je me sentais plus propre que sous la douche. Peut-être parce que je me frottais la peau un peu plus que si j'étais sous la douche, afin de m'assurer que j'étais propre. Je dormais si bien pendant les longues nuits d'hiver. En plus d'être propre, la pièce doit être sombre. Des études ont montré qu'un peu de lumière dans la pièce peut provoquer des cauchemars et donner une sensation de fatigue. Vous pouvez utiliser un rideau occultant ou un masque pour les yeux afin de rendre la pièce aussi sombre que possible. Ensuite, veillez à ce que vos chambres à coucher soient aussi silencieuses que possible. Bien sûr, vivant à Paris, je sais à quel point cela peut être difficile, alors n'oubliez pas d'investir dans des bouchons d'oreille.

Écrans et consommation d'informations

Évitez de regarder la télévision ou les écrans d'ordinateur avant de vous coucher. Si vous devez le faire, veillez à utiliser les paramètres d'éclairage nocturne. Ces paramètres donnent généralement une teinte orange à votre appareil, ce qui est meilleur pour vous que la lumière bleue électronique. Les lumières bleues maintiennent l'esprit actif pendant des heures dans la nuit. Il en va de même pour les documents théoriques complexes, les études et les histoires d'horreur. Pas de roman policier avant d'aller au lit, même s'il est passionnant. Si vous tenez absolument à lire un livre avant de vous coucher, assurez-vous plutôt qu'il s'agit d'un ensemble de mots sans signification qui ne fait rien d'autre que vous détendre. Si vous lisez quelque chose de complexe avant de vous coucher et que vous vous sentez plus alerte, levez-vous et allez marcher. Buvez un verre d'eau et réfléchissez à ce que vous devez faire. Puis, lorsque vous êtes fatigué, retournez au lit et essayez de vous endormir.

Voici un conseil intéressant pour vous aider. Une étude a montré que les personnes qui jouaient fréquemment à des jeux vidéo déclaraient faire des rêves lucides plus souvent que les autres. Les jeux vidéo permettent aux joueurs de contrôler un personnage au-delà d'eux-mêmes. Cela vous rappelle quelque chose ?

C'est ce qui se passe dans un rêve lucide. Si vous pouvez contrôler un personnage à l'écran, vous trouverez la confiance nécessaire pour contrôler les personnages de vos rêves et de votre propre vie. Si c'est possible, trouvez du temps dans la journée pour jouer à un jeu vidéo sur votre téléphone, votre Xbox, votre PS5 ou votre ordinateur. Pas pendant des heures, mais une petite vingtaine de minutes.

Méditation et relaxation
La méditation est une compétence importante, que vous pensiez qu'elle vous soit bénéfique ou non. Vous devriez la pratiquer avant de vous coucher si vous avez l'intention de faire un rêve lucide. Inspirez profondément et dirigez l'air vers votre ventre, puis expirez lentement et prenez conscience de la sensation de votre respiration. Laissez toutes les pensées secondaires s'échapper de votre esprit — ne vous concentrez pas sur elles, laissez-les simplement passer. Lorsque vous commencez à vous détendre,

prenez conscience de l'espace qui vous entoure et de la façon dont vous vous y sentez. Continuez à inspirer et à expirer jusqu'à ce que votre esprit commence à s'endormir.

Régime alimentaire

Votre alimentation joue également un rôle dans le contrôle de votre sommeil. Dans la mesure du possible, veillez à boire et à manger au moins trois à quatre heures avant de vous coucher. Un excès de nourriture et d'eau peut réduire la qualité de votre sommeil. Les sucres et les vitamines contenus dans les aliments vous permettent de rester actif, et l'eau joue un rôle vital en vous donnant de l'énergie. Lorsque vous mangez et buvez, votre corps transforme ces nutriments en sang, qui circule dans vos organes et donne de l'énergie à votre corps. Il n'est pas facile de trouver un sommeil réparateur après avoir mangé un repas à quatre plats avant de se coucher. Bien que certaines personnes se sentent somnolentes après un repas copieux, leur sommeil est souvent agité. Un petit verre d'eau suffit pour passer la nuit. Tout autre verre vous empêchera de dormir.

Et, tout en contrôlant vos habitudes alimentaires, donnez la priorité aux aliments riches en vitamine B6 ou en tryptophane, car ces nutriments contribuent à induire des rêves lucides. Parmi les aliments riches en B6 figurent les bananes, les pommes de terre, les avocats, le poulet, le poisson, le porc et le tofu. Les aliments riches en tryptophane sont le yaourt, le fromage, l'avoine, les dattes et le chocolat.

Les aliments riches en B6 et en tryptophane aident notre corps à produire de la sérotonine, responsable de nos sentiments de bonheur. Si vous vous sentez triste ou déprimé ou si vous souffrez de TDAH, d'anxiété ou d'autisme, ces aliments peuvent vous aider à vous sentir un peu mieux dans votre peau. Il est essentiel d'être positif lorsque l'on apprend quelque chose de nouveau, en particulier lorsque l'on essaie de réussir.

Si vous mangez bien, mais que vous n'arrivez toujours pas à faire des rêves lucides, essayez un supplément pour rêves lucides. L'acétylcholine est une substance chimique présente dans le cerveau qui aide à envoyer des messages d'un neurone à l'autre. Elle nous aide également à franchir les étapes du sommeil. Les scientifiques ont découvert que l'acétylcholine est essentielle pour induire le sommeil, le rêve, l'apprentissage et le rappel de la mémoire.

Il n'existe pas d'aliments contenant de l'acétylcholine, mais il y a des aliments qui contiennent certains des éléments nécessaires à la fabrication de cette substance chimique. Pour augmenter le taux d'acétylcholine dans votre corps, vous pouvez prendre du bitartrate de choline, un type de complément alimentaire. Vous améliorerez ainsi votre capacité à vous souvenir de vos rêves et à rester conscient pendant le sommeil.

Chapitre 6 : Les cinq étapes du rêve lucide

Les objectifs, les intentions et les désirs d'un rêveur lucide déterminent s'il est un débutant ou non. L'expertise en matière de rêve lucide repose sur la complexité des idées, des objectifs et des intentions. Une fois que vous avez provoqué un rêve lucide, selon votre niveau d'avancement, les rêves varient en durée, en vivacité, en sentiment de contrôle et en interaction avec le paysage onirique.

Plaisir et évitement de la douleur

Lorsque j'ai commencé à pratiquer le rêve lucide, j'ai cherché toutes les choses que je ne pouvais pas faire dans le monde réel, comme voler, manger des gâteaux et visiter des endroits fabuleux comme Bali. Je volais et je mangeais de délicieuses tranches de gâteau au chocolat avec un glaçage au fromage frais, tout en regardant la jungle. Il n'y avait pas de douleur, pas de problèmes ; c'était un monde parfait.

En tant que novice en matière de rêve lucide, vous vous retrouverez souvent plongé dans le plaisir du paysage onirique, ignorant fréquemment les éléments négatifs et douloureux de votre esprit. Ce n'est pas grave. Explorez les éléments positifs autant que possible et soyez reconnaissant, car c'est votre esprit qui a créé ces belles sensations et images.

Vous êtes merveilleux et magique, et vous devriez vous apprécier à votre juste valeur. Mais n'ayez pas peur des ténèbres de l'au-delà. Même si vous n'êtes pas prêt à vous en approcher, reconnaissez que votre valeur existe toujours. Vivre dans la félicité ne l'éradique pas. Au contraire, profitez de ce plaisir et permettez-lui de renforcer votre confiance, votre conscience de soi et votre appréciation de votre esprit. Ensuite, utilisez ces stimuli pour vous préparer à la bataille contre votre côté obscur.

Manipulation et mouvement

La deuxième étape du voyage d'un rêveur lucide ressemble à la première. À ce stade, vous essayez toujours d'éprouver du plaisir et d'éviter la douleur, mais vous commencez à mieux contrôler votre personnage et votre monde. Vous développez la capacité de déplacer et de remodeler les scènes, les objets et les personnes. Vous pouvez prolonger votre rêve et votre voyage un peu plus loin. Vous devenez capable de reconnaître des objectifs dans votre rêve et de les suivre à des degrés divers. Bien que vous puissiez vous réveiller rapidement de votre rêve, vous avez la possibilité de vous maintenir dans le rêve plus longtemps qu'au cours de la première étape.

Pouvoir, objectif et primauté

Avec un peu plus d'expérience, lorsque vous entrerez dans la troisième phase, vous serez en mesure d'interpréter le paysage onirique comme une toile sur laquelle vous pourrez peindre et explorer tout ce que vous voulez. Vous trouverez un potentiel d'expériences dans n'importe quel scénario. Vous avez la capacité et l'ouverture d'esprit nécessaires pour passer d'un mariage à un centre commercial dans la même scène. Rien n'est interdit dans votre rêve ; comme dans la vie, tout est possible.

À ce stade, votre désir de trouver du plaisir n'est plus votre objectif principal, vous développez le potentiel et le désir de repousser les frontières et les limites. Vous commencez à vous interroger sur ce dont vous êtes capable, sur ce que vous pouvez retenir et sur ce que vous pouvez accomplir. Aujourd'hui, vous êtes davantage orienté vers un objectif. Vous savez ce que vous voulez et vous êtes prêt à travailler dur pour l'obtenir.

Vous êtes prêt à vaincre les pensées négatives, à les interroger, à les affronter, à les malmener et à les éliminer. Vous êtes prêt à explorer les raisons de leur existence et à trouver des alternatives, de nouvelles fins, de nouvelles idées et des pensées de remplacement. C'est au cours de cette étape que vous découvrirez votre véritable personnalité.

Réflexion, ouverture et émerveillement

C'est une étape particulièrement enchanteresse. Vous avez dépassé vos idées de limites et vous vous êtes enrichi de vos expériences. Qu'y a-t-il de plus à apprendre ?

Si vous posez cette question dans votre rêve, vous en êtes à la quatrième étape. À ce stade, il s'agit d'explorer votre subconscient et de vous adresser à une puissance supérieure.

- « Qui suis-je ? »
- « Ce rêve fait-il partie de moi ? »
- « Qu'est-ce que cela signifie ? »

Imaginez que les raisons de vos rêves trouvent une réponse dans le rêve lui-même. C'est ce qui se passe à ce stade. Les réponses vous sont données sur un plateau d'argent, par vous. Le fait d'avoir accès à des réponses aussi complexes pendant le sommeil vous permet de vous apprécier davantage lorsque vous êtes éveillé, parce que vous aviez déjà toutes les réponses. Vous en savez autant qu'il le faut. Mais lorsque nous ne prenons pas soin de nous-mêmes, lorsque nous cessons d'écouter notre esprit et notre corps, nous devenons sourds à ce que nous avons à dire. Nous ignorons la vérité.

Nous incarnons les mensonges que la société a inventés à notre sujet : nous sommes paresseux, grincheux, stupides, arrogants, suffisants ou trop sensibles. Ce sont des observations, et elles peuvent être justes, mais il y a toujours plus que cela. Vous êtes ces choses parfois, et vous êtes d'autres choses à d'autres moments. Notre connaissance de nous-mêmes est compliquée et nous ne pouvons pas la comprendre avec un esprit rationnel. Nous avons besoin de notre paysage onirique pour nous aider à naviguer dans l'invraisemblable, l'insensé, l'excentrique et l'inimaginable. Et si vous n'étiez pas trop sensible, mais empathique ? Et si vous ne perceviez pas seulement vos propres émotions, mais aussi celles des autres et de ceux qui les ont précédés : leurs anciens proches, leurs animaux de compagnie et les terreurs auxquelles ils ont été confrontés ? Et si vous aviez le don de ressentir les personnes décédées ? Et si ce don était dû à une mutation génétique ? Et si votre dépression était due à une expérience que vous avez vécue avant que votre cerveau n'ait pu former suffisamment de connexions pour se souvenir de quoi que ce soit ?

Rien de tout cela n'est facilement concevable lorsque l'on est éveillé et rationnel. Vous devez lever la barrière de la rationalité pour explorer toute votre vérité : une vérité que vous possédez déjà, mais à laquelle vous n'avez pas accès. En découvrant cette vérité dans votre rêve, vous donnez à votre moi éveillé la même capacité. Après cela, rien ne vous arrêtera. Rien n'est plus puissant que de savoir qui l'on est et pourquoi.

Toutes les sensibilités

Enfin, à la cinquième étape, vous commencez à réaliser que vous êtes plus qu'un simple être. Il y a plus de personnes, de choses et d'esprits dans ce royaume que nous n'avons de doigts et d'orteils. Des entités de toutes formes et de toutes tailles existent à nos côtés, certaines étant réelles, d'autres n'étant que des créations de notre esprit. Nous sommes tous plus que la somme de nos parties et nous ne sommes pas seuls. Cela n'a rien à voir avec un système de croyances. Même les scientifiques ont accepté qu'il y a des choses que nous ne pouvons pas expliquer. L'acceptation des possibilités est un aspect important de cette étape. Si vous pouvez accepter l'irréel, c'est-à-dire le fait qu'il puisse y avoir quelque chose d'inconnu, vous êtes à l'étape cinq.

C'est à ce stade que nous commençons à accepter l'obscurité qui est en nous. On commence à comprendre qu'il y a des parties de soi que l'on ne peut pas changer et que l'on ne veut pas explorer. Vous trouverez en vous des traits inhumains que vous souhaiteriez ne pas avoir, vos pensées sur vous-même et vos défauts deviennent plus complexes, et vous réalisez que notre version du bien et du mal est sublimement simplifiée.

En acceptant votre « côté obscur », vous commencez également à voir l'obscurité et la lumière chez les autres. Vous développez la capacité de comprendre et de prédire les intentions.

Partie 3 : Guide du rêve lucide

Le docteur Stephen LaBerge a inventé une technique appelée induction mnémonique (MILD) pour évoquer les rêves lucides sur demande. C'est une méthode très efficace et idéale pour les débutants.

Ce livre va maintenant vous présenter cette méthode. Elle vous permettra d'améliorer votre conscience de vous-même et de devenir plus facilement lucide en rêvant. Elle vous aidera également à vous souvenir de vos objectifs dans un rêve et à les atteindre.

Sa technique consiste à implanter dans votre esprit un indice qui vous aide à vous rappeler vos intentions dans le rêve. Avant de pouvoir pratiquer ce type d'induction, vous devez être capable de vous souvenir de quelques rêves passés. La tenue d'un journal des rêves peut vous aider à vous souvenir de la vivacité de vos rêves, de la séquence des événements et de vos sentiments. Ensuite, tout au long de la journée, vous devez effectuer régulièrement des contrôles de réalité. Un contrôle de réalité consiste à se demander si l'on est éveillé ou si l'on rêve, un peu comme dans le film *Inception*. Ne répondez pas à la question mentalement, répondez-y physiquement. Effectuez un mouvement qui vous permet d'identifier votre état d'esprit. Par exemple, si vous êtes éveillé, vous pouvez vous approcher d'une porte et l'ouvrir ; mais si vous rêvez, vous passerez probablement à travers la porte. Si vous avez l'habitude d'établir des contrôles de réalité, il devient plus facile de déclencher un moment d'introspection pendant le sommeil.

Maintenant que vous avez pratiqué vos vérifications de la réalité, faites un pas de plus avec la méthode MILD. Lorsque vous vous installez dans votre lit pour la nuit, énoncez votre intention à voix haute ou intérieurement :

« Quand je rêverai, je saurai que je rêve.
La prochaine scène que je vivrai sera un rêve.
Je ferai un rêve lucide.
Je suis en train de rêver. »

Ces affirmations prépareront votre esprit à ce qui doit arriver. Lorsque vous vous endormez, visualisez votre rêve avant d'y entrer et sachez exactement où vous allez. Ensuite, dès que vous commencez à rêver, vérifiez la réalité. Si vous commencez à voler ou à faire léviter des objets, vous saurez que vous rêvez.

Les pages suivantes vous aideront à vous préparer à aller au lit. Elles vous montreront diverses stratégies physiques et mentales qui peuvent être utilisées pour vous aider à vous endormir. Cette section comprend également quelques recettes nocturnes qui éveilleront votre conscience pendant que vous dormez, ainsi que quelques affirmations et plans de sommeil pour vous préparer aux aventures à venir. Vous serez ensuite guidé dans deux méditations. La première aura lieu environ trente minutes avant que vous n'entriez dans la première phase du sommeil, tandis que la seconde se déroulera après que la première alarme aura retenti. Il est conseillé de régler la première alarme 90 minutes avant le réveil. Si vous devez vous réveiller à 7 heures, réglez l'alarme à 5 h 30. Vous devriez programmer une deuxième alarme pour le moment où vous souhaitez vous réveiller pour la journée et terminer votre pratique du rêve lucide.

Lorsque vous vous réveillez, retournez à la deuxième section du guide, où vous serez guidé par quelques autres affirmations sur le rêve lucide. Vous aurez ainsi l'occasion de vous rappeler où vous voulez aller et ce que vous voulez faire. Un autre guide de méditation vous aidera à vous rendormir. Votre dernière alarme sonnera et vous réveillera pour la journée.

Chapitre 7 : Les préparatifs du coucher

Planifier sa destination

Réfléchissez à l'endroit où vous voulez aller.

- À quoi ressemble l'endroit ?
- Est-ce le jour ou la nuit ?
- L'air est-il chaud ou froid ?
- Quels sont les sons que l'on peut entendre ?
- Y a-t-il des animaux dans les environs ?
- Ou d'autres personnes ?
- Qui sont ces personnes ?
- Que portent-elles ?
- Qui sont-elles pour vous ?
- Vous rendent-elles heureux ?
- Vous enthousiasment-elles ?
- Que faites-vous là ?
- Vous promenez-vous simplement pour profiter de la vue ?
- Avez-vous un autre objectif ?
- Votre objectif vous effraie-t-il ou vous passionne-t-il ?
- Comment comptez-vous atteindre cet objectif ?
- Allez-vous courir quelque part ?

- Allez-vous acquérir une nouvelle compétence ?
- Devez-vous mémoriser quelque chose ?
- Devez-vous créer quelque chose de nouveau ?

Enfin :

- comment voyez-vous la fin de votre rêve ?
- avez-vous réussi à atteindre votre objectif ? Si oui, comment ?
- qu'avez-vous fait pour que les choses se terminent bien ?
- feriez-vous quelque chose de différent ?

Essayez de mémoriser certaines de ces réponses, ou écrivez-les et relisez-les avant de vous endormir. Ce seront les éléments à observer dans votre rêve.

Lâcher prise sur les mauvaises expériences

Le rêve lucide peut parfois donner lieu à des expériences difficiles à expliquer. Dans le rêve lucide où j'ai vu ma chère grand-mère décédée, j'ai fait l'étrange expérience de sentir mon esprit quitter mon corps. Rien que cela me laissait perplexe. En outre, j'ai décidé de voyager dans les tunnels d'un miroir et j'ai dû assister à la déformation de mon visage à plusieurs reprises. Lorsque j'ai finalement plongé sur un champ de fleurs, j'ai senti la peur grandir en moi et je me suis forcé à me réveiller, trop effrayé pour continuer à pratiquer.

De telles expériences sont fréquentes, surtout chez les débutants et les personnes très stressées. Si vous avez fait l'expérience d'une lucidité cauchemardesque dans un rêve, ou si vous en faites l'expérience pendant que vous utilisez ce livre, sortez du rêve, prenez le temps de récupérer et essayez à nouveau quand vous serez prêt. Rappelez-vous que vos rêves ne sont qu'une dispersion d'images et d'idées. Ils n'ont de sens que si vous leur en donnez un. Vous n'avez pas besoin de passer de longues heures à analyser des cauchemars qui vous causent du chagrin et de la misère. Vous pouvez vivre d'autres rêves qui vous révèleront les mêmes choses de manière bien plus agréable.

Une fois que vous avez récupéré, laissez le rêve derrière vous et prenez un nouveau départ.

Recette de thé à la racine de valériane

L'un de mes thés préférés est la racine de valériane. La racine de valériane est une tisane populaire qui non seulement stimule la mémoire des rêves, mais aussi en éclaircit les couleurs. Son goût amer et son odeur de sous-bois vous plongent en quelques secondes dans un paysage de forêt.

La racine de valériane possède également des propriétés relaxantes pour les muscles, ce qui vous aidera à soulager les tensions que vous pourriez encore ressentir après une longue journée. Une demi-tasse suffit amplement.

Attendez ? Une demi-tasse ? Oui, trop d'eau avant de se coucher peut surstimuler l'hypothalamus et empêcher le cerveau de s'éteindre. Rappelez-vous qu'il suffit de maintenir le cortex préfrontal en éveil.

Exercice de relaxation

Nous allons maintenant baisser le son. Installez-vous confortablement par terre dans votre chambre. Si l'espace n'est pas assez grand, trouvez-en un dans le salon. Si vous préférez utiliser le sol de la salle de bains, posez une serviette pour vous réchauffer.

Allongez-vous sur le dos en gardant les genoux pliés et les pieds placés devant les fesses. Posez vos mains sur votre ventre et respirez. Essayez de garder les yeux ouverts. Il peut être nécessaire d'éteindre la lumière avant de continuer.

Êtes-vous à l'aise ?

Vous ne devez pas ressentir de tension dans votre corps dans cette position. Si c'est le cas, changez de position. Veillez à être à l'aise.

Puis, respirez. Laissez les pensées et les soucis de la journée entrer dans votre esprit et en ressortir. Ne vous forcez pas à ne pas y penser. Elles sont cruciales parce qu'elles sont importantes pour vous. Vous vous en occuperez plus tard. Continuez à respirer.

Pensez à une chose qui vous a mis en colère aujourd'hui. Vous l'avez ? Maintenant, je veux que vous remplaciez cette pensée par une chose de la journée qui vous a rendu fier de vous. Laissez cette fierté se substituer à votre colère. Souriez, même si vous n'en avez pas envie.

Ensuite, mettez-vous à genoux. Placez vos mains sur le sol ; vous devez vous sentir comme un chat dans cette position. Inspirez profondément ; en même temps, arquez votre dos vers le haut. Laissez la tension de la journée envahir vos épaules et votre cou. Expirez et laissez votre dos retomber naturellement dans sa position initiale.

Restez ainsi pendant une minute et respirez doucement. Répétez cet exercice plusieurs fois jusqu'à ce que la tension dans vos épaules disparaisse.

Je veux que vous inspiriez et que vous courbiez le dos, que vous mainteniez la position pendant quelques secondes, puis que vous la relâchiez. Vous devez laisser votre posture revenir à la normale.

C'était très bien.

Prenez quelques instants pour respirer avant de recommencer. Inspirez et cambrez votre dos, maintenez et relâchez. Continuez et répétez cet exercice à votre rythme.

Le poème de la force

Voici un poème qui vous rappellera à quel point vous êtes une source d'inspiration. Lisez-le à haute voix ou dans votre tête :

« Tu es spécial parce que tu es vivant, tu ne te crois peut-être pas fort, mais tu l'es. Tu es toujours là, tes racines sont construites pour prospérer alors que tu pousses au-dessus des épines sur du goudron dur.
Tu es venu te placer là où ce n'était pas possible. Pourquoi pleurer sur tes feuilles séchées et abîmées ? Ne sais-tu pas que les tiges mortes sont plus belles en été lorsqu'elles fleurissent abondamment ?
Tu es glorieux, adorable et si gentil. Ceux qui ne le voient pas ont perdu la tête. »

Comment vous sentez-vous ? Un peu plus détendu, j'espère. Je veux que vous vous leviez maintenant lentement — rien ne presse — et que vous vous déplaciez lentement dans votre maison, en éteignant les lumières qui pourraient être restées allumées. Si vous voyez du linge par terre ou de la vaisselle dans l'évier, respirez et laissez-les. Vous êtes plus important maintenant. Une fois que la maison est calme et fermée pour la nuit, installez-vous dans votre lit et réglez vos première et deuxième alarmes. Dans votre esprit, je veux que vous visualisiez un cercle en train d'être dessiné. Imaginez les bords et la façon dont ils se fondent les uns dans les autres. Commencez par de petits cercles et dessinez progressivement des cercles de plus en plus grands. Je veux que vous imaginiez que vous êtes ce cercle. Vous êtes entier, même si vous n'en avez pas toujours l'impression. Vous êtes complet, même si vous pensez ne pas avoir tout ce dont vous avez besoin en ce moment. Vous seul êtes la plénitude de ce que vous êtes censé être. Vous n'avez pas besoin d'autres bords, d'autres êtres ou d'autres formes pour former votre cercle. Vous vous suffisez à vous-même.

Comme tout cercle, vous devez passer par une série de phases de sommeil pour pouvoir guérir et affronter une nouvelle journée.

Affirmation pour la relaxation

Dites cette affirmation à haute voix ou dans votre tête pour vous aider à vous détendre :

« Je suis entier. Je suis complet. Je ne le sens pas toujours et je ne le reconnais pas toujours, mais je le suis. Je suis une personne à part entière. Je prends mes propres décisions et je m'appuie sur les éléments dont j'ai besoin pour m'aider. Personne d'autre ne peut m'enlever mon importance. Aucun enfant, partenaire, carrière ou ami ne peut nuire à ma valeur.

Je suis important.

Pour l'instant, c'est moi qui suis le plus important. Je mérite de me reposer. Je mérite de ressentir la plénitude de mon corps et de mon esprit. Je mérite de me sentir vivant. J'ai besoin de dormir. C'est pour moi. »

Chapitre 8 : Affirmations sur le sommeil

J'ai trouvé une sélection d'affirmations pour différents objectifs. Choisissez celles qui vous conviennent le mieux et qui correspondent à vos objectifs, et n'hésitez pas à les répéter à voix haute ou dans votre tête.

Atténuer les cauchemars

« Ce soir, je ne serai pas en proie à la peur ou à la tristesse. Je ne ressentirai que de l'espoir et de l'émerveillement en rencontrant mes rêves et en interagissant avec eux. Il n'y a pas de monstre assez grand dans ma tête pour jouer avec mes sentiments ce soir. Je contrôle mes émotions. Je contrôle ce que je vois. Je contrôle ce que je sais. Si ce que je rencontre me met mal à l'aise, je le changerai. Je suis le maître de mes rêves. Je suis maître de ma propre paix. Je suis maître du repos que je reçois. Aucune douleur, aucun stress, aucune peur ne me touchera ce soir. »

Un bon sommeil profond

« J'ai travaillé aussi dur que possible. J'ai sué toute l'énergie de mon corps. J'ai préparé tous les repas possibles et j'ai planifié autant que possible. Je mérite un sommeil profond et réparateur. Ce soir, rien ne me réveillera. Rien ne me fera peur et rien ne viendra troubler mes pensées. Je suis ici, je suis présent et je suis prêt à dormir. Je fermerai les yeux et quand je les rouvrirai le matin, je me sentirai rafraîchi et guéri. Mon corps ne s'agitera pas et mon esprit ne tolérera rien d'autre que mon besoin de sommeil. Je me reposerai profondément, en toute sécurité et mieux que jamais. »

Doux rêves

« J'ai vu et vécu beaucoup de choses stressantes aujourd'hui. Je ne connaîtrai pas le même sort dans mes rêves. Lorsque je fermerai les yeux et m'endormirai, je serai accueilli par les visages les plus doux et les plus aimables. Je rirai et j'aimerai comme jamais auparavant. Je poursuivrai mes aventures et j'errerai dans mes contrées les plus aimées. Je rencontrerai des histoires d'émerveillement, de paix et d'espoir. Cette nuit, mes rêves seront doux et m'apporteront une journée de bonheur au réveil. Je me sentirai aimé et apprécié dans mon sommeil. Je saurai que j'ai de la valeur et je n'aurai aucune raison de m'inquiéter. Aucun mal ni aucun stress ne m'atteindra pendant que je rêverai cette nuit. Je suis digne de pensées pleines d'espoir. Je suis digne des pensées les plus douces. Je connaîtrai la joie dans mes rêves cette nuit. »

Rêve lucide

Vous souvenez-vous des préparatifs que vous faisiez avant de vous coucher ? Vous souvenez-vous de l'endroit où vous vouliez aller ? Le moment est venu de réfléchir à ce lieu et à vos réponses aux questions posées. Je veux que vous disiez cette affirmation à haute voix.

« Ce soir, j'irai exactement où je veux. L'endroit sera exactement comme je l'ai imaginé. Je ressentirai ce que j'ai rêvé de ressentir. Il n'y aura pas de différences. Je verrai les choses que je veux voir. Je remplirai mon objectif. Je réussirai dans mes entreprises. Je découvrirai toutes les vérités que je souhaite découvrir et je me réveillerai en me souvenant de mon aventure avec des yeux rafraîchis et guéris. »

Chapitre 9 : Méditations guidées et alarmes pour le sommeil

La première méditation guidée sur le sommeil

Je vous conseille de faire un enregistrement audio de cette méditation, vous pourrez ainsi vous la passer avant de vous endormir. Votre voix, c'est vous ; seul vous-même pouvez dire ces mots.

À l'heure qu'il est, votre cerveau devrait être en train de se mettre en mode *snooze*.

Fermez les yeux. N'ayez pas peur, vous n'êtes pas seul. Inspirez profondément et sentez votre corps, s'enfoncer dans le lit, s'enfoncer dans les couvertures.

Frottez un peu les draps. Reconnaissez l'endroit où vous vous trouvez. Pensez que votre chambre est la même que la dernière fois que vous l'avez vue. Les draps sont de la même couleur, le sol est le même et les photos sont à la même place que là où vous les avez mises.

Continuez à frotter vos draps, mais n'ouvrez pas les yeux. Vous n'êtes pas fou : vous savez à quoi ressemble la maison, vous savez à quoi ressemble votre voix. Faites confiance à votre esprit. Faites confiance à votre corps lorsqu'il vous dit qu'il a sommeil.

Inspirez et expirez.

Laissez votre corps s'enfoncer plus profondément dans les couvertures. Reconnaissez le poids des draps sur vos pieds. Reconnaissez la lourdeur des couvertures sur votre poitrine. Inspirez et expirez. Laissez ces dernières pensées s'échapper de votre esprit. Elles n'ont plus d'importance maintenant. C'est vous qui comptez, vous êtes fatigué. Vous méritez la paix.

Vous avez le droit d'abandonner la réalité. Je suis là pour la retenir jusqu'à ce que vous vous réveilliez.

Respirez.

Laissez vos épaules retomber dans le lit avec votre colonne vertébrale.

Respirez.

Il n'y a pas de bonne ou de mauvaise façon de dormir.

Vous serez toujours là demain matin.
Vous voulez être ici demain matin.

Vous voulez partager avec vos proches le rêve étrange et merveilleux que vous aurez fait.

Faites ce rêve maintenant.
Inspirez et expirez.

Voyez les étages de l'endroit où vous vous rendez. Voyez les courbes de la route. Sentez le vent dans vos cheveux et le soleil sur votre peau.

Vous ne devez être nulle part ailleurs. Dormir.

Inspirez et expirez.

Laissez votre tête glisser sur l'oreiller. Vous n'avez plus besoin de la tenir en l'air. Laissez vos lèvres s'écarter si elles le souhaitent, vous n'avez plus besoin de garder la bouche fermée. Dites à vos oreilles d'entendre ce qu'elles veulent, rien ne viendra vous déranger dans votre voyage au pays des rêves.

Réveil - La première alarme

Vous souvenez-vous encore de l'endroit où vous voulez aller et de ce que vous voulez accomplir ?

Affirmations pour prendre le contrôle
N'hésitez pas à répéter cette affirmation dans votre tête ou à haute voix.

« Maintenant, je vais voyager jusqu'à l'endroit où je veux aller. Je le vois dans mon esprit. Je sais comment la Terre se découpe sur le ciel. Je reconnais les oiseaux qui chantent. Je connais cet endroit. Je sais comment je suis arrivé ici. Je connais les routes à prendre et les ruisseaux à traverser. Je connais les maisons et les gens, les animaux et les odeurs. Je connais cet endroit. Je veux être dans cet endroit. Je vais aller dans cet endroit maintenant et faire ce que j'ai toujours voulu faire. Rien ne m'arrêtera. Aucun rêve n'est plus important que celui-ci. C'est l'endroit où je veux être et je m'y retrouverai. »

La deuxième méditation guidée sur le sommeil

Vous voyagez vers l'endroit où vous voulez être. Vous êtes calme. Vous avez déjà parcouru cette route de nombreuses fois. Vous avez étudié le paysage et les gens. Vous savez comment vous y rendre et vous êtes confiant. À l'horizon, vous apercevez un point de repère, brillant et audacieux, qui vous signale que vous êtes arrivé. Vous vous retrouvez au milieu du paysage que vous connaissez si bien. Le temps est tel que vous l'avez toujours connu. Vous êtes en paix ici. Il n'y a rien qui puisse vous déranger dans ce lieu. Vous avez un but ici. Vous avez un devoir à accomplir. Faites un pas en avant et entrez dans cet objectif dès maintenant. Ne regardez pas en arrière. Laissez votre esprit s'ouvrir. Laissez-vous aller. Dormez maintenant.

La deuxième alarme

C'est un nouveau jour ; je veux que vous preniez une respiration et que vous laissiez l'air du matin envahir votre corps. Je veux que vous vous souveniez de vos doigts et de vos orteils. Bougez-les et remuez-les sous vos couvertures. Inspirez profondément et expirez, et, en même temps, frottez vos draps entre vos doigts.

Rien n'a bougé. Rien n'a changé. Vous êtes un peu plus reposé qu'avant. Maintenant, vous pouvez conquérir une nouvelle journée et faire des choses étonnantes.

Il se peut que vous ayez vécu ou non exactement ce que vous espériez vivre. N'oubliez pas que l'étude des rêves et du rêve lucide est encore récente dans la communauté scientifique. Lorsque vous serez prêt, réessayez. Très peu de personnes peuvent faire un rêve lucide naturellement. Personne ne sait si cette capacité est liée à votre évolution ancestrale. Cependant, nous pouvons supposer que cette capacité a commencé avec la croissance du cortex préfrontal chez l'Homo sapiens.

L'essentiel est de ne pas se décourager si la méditation guidée n'a pas fonctionné la première fois. Soignez vos blessures, prenez le temps d'analyser ce que vous avez appris sur vous-même et réessayez quand vous vous sentez prêt.

Les avantages de l'apprentissage d'une telle compétence sont nombreux. Ne vous laissez pas décourager par quelques tentatives infructueuses. Vous pouvez y arriver. Vous avez déjà les connaissances et la compréhension nécessaires pour y parvenir. Tout ce dont vous avez besoin, c'est de temps et de pratique. N'abandonnez pas.

Journalisation

C'est le moment de noter toutes les expériences que vous avez vécues, même s'il s'agit d'une chose aussi insignifiante que d'entendre l'océan avant de vous endormir. Si vous ne vous souvenez pas de vos rêves, ce n'est pas grave. Notez ce dont vous vous souvenez, même s'il s'agit de quelque chose qui s'est passé avant que vous n'éteigniez la lumière. Lorsque vous lirez votre journal plus tard, vous vous souviendrez peut-être d'une pensée ou d'une scène que vous avez vécue.

Le journal des rêves est un excellent moyen de s'entraîner à se souvenir de ses rêves. Une fois que vous y parvenez, vous pouvez les analyser et les utiliser.

Affirmations pour la journée

J'ai trouvé une sélection d'affirmations au réveil pour vous aider à définir vos intentions pour la journée. Choisissez celles qui vous conviennent et qui correspondent à vos objectifs, et n'hésitez pas à les prononcer à voix haute ou dans votre tête.

Prendre le contrôle tout au long de la journée

- Je suis maître de mes sentiments, de mes pensées et de mes émotions.
- J'agis. Je sais ce qui est le mieux pour moi et mon corps.
- Je n'ai pas peur d'exprimer mes idées et mes préoccupations. Je suis responsable de mes besoins et de la manière dont ils sont satisfaits.
- Je suis responsable de mes besoins, de mes désirs et de mes pensées. Je suis maître de mon temps. Je suis le seul à savoir comment le gérer au mieux. J'ai confiance en ce que je suis et, aujourd'hui, je vais prendre ce monde d'assaut.

Éliminer le stress et l'anxiété

- Je contrôle mes sentiments. Je ressens et reconnais mon stress et mon anxiété. Je reconnais toutes les choses que je dois faire aujourd'hui. Je sais ce qui fonctionne pour moi et je m'y tiens. Si je ne sais pas comment aborder une tâche ou un contexte, je me donne le temps d'y réfléchir. La vie n'est pas si rapide que je ne puisse me permettre une minute de réflexion avant d'agir. Je mérite cette minute. Tous les autres peuvent attendre cette minute.

- Je ne me précipiterai pas aujourd'hui. Je ne laisserai pas mon anxiété me contrôler aujourd'hui. Il n'y a rien de si important que je doive renoncer à mon contrôle. Je suis important. Je suis plus important que n'importe quelle tâche, n'importe quel événement ou n'importe quel objet. Je respire et je mérite donc la même paix que celle que j'essaie de donner aux autres. C'est moi qui ai le contrôle aujourd'hui, pas quelqu'un ou quelque chose d'autre, et certainement pas un accès d'anxiété triste et indésirable.

Se souvenir

- Aujourd'hui, je suis maître de mes pensées. Je reconnais que je ne suis pas un robot. Je reconnais qu'il y aura des moments où j'oublierai des choses. Je ferai de mon mieux pour ne pas le faire. J'ai planifié les choses de manière stratégique. J'avancerai lentement et prudemment.

- Je ferai confiance à mes décisions parce que je sais que je me suis accordé le temps de les prendre. Je me souviendrai des choses qui sont importantes aujourd'hui. Je me souviendrai des choses qui comptent pour moi. Si j'oublie quelque chose, je ne me mettrai pas en colère. Je fais de mon mieux et personne ne peut m'en demander plus.

- J'ai fait tout ce qui était en mon pouvoir pour me souvenir des choses dont j'avais besoin. J'ai dressé une liste. Je l'ai mémorisée, j'en ai parlé à des gens et je l'ai placée dans un endroit que je consulte souvent. Je ferai de mon mieux et j'en retirerai de la sérénité. Je ne rechercherai pas la perfection. Moi, mes erreurs et mes oublis sont suffisamment parfaits. Je suis remarquable parce que j'essaie de me souvenir de tout ce que j'ai à faire aujourd'hui.

Paix et bonheur

- Aujourd'hui, je vais passer une bonne journée. Je ne vais pas me laisser abattre par quoi que ce soit. Je suis une personne forte et merveilleuse. Je reconnais mes défauts. J'accepte de faire des erreurs. Je sais qu'à un moment donné, je peux rendre la vie de quelqu'un un peu plus difficile. Ce n'est pas grave. Je choisis de me comprendre, de comprendre mes erreurs potentielles, mes défauts et mes problèmes. Je suis compréhensif parce que je sais que ma valeur, ma gentillesse, ma créativité et mon talent compensent les moments où je ne brille pas de tous mes feux. Je fais de mon mieux. Je choisis d'être gentil aujourd'hui. Je choisis d'être heureux aujourd'hui. Je choisis d'être en paix avec mes décisions et mes erreurs aujourd'hui. Rien ni personne ne m'empêchera de me sentir autrement.

Partie 4 : Comprendre votre subconscient

Qu'il s'agisse des types de rêves que vous faites ou des personnages qu'ils contiennent, votre esprit est un organe complexe auquel il faut vous habituer. Connaître les raisons pour lesquelles vous faites certains rêves peut vous aider à comprendre vos besoins et vos désirs les plus profonds.

Lorsque nous sommes éveillés, notre esprit est verrouillé. En revanche, lorsque nous dormons, nous sommes ouverts à d'innombrables possibilités et idées. Laissez vos rêves vous guider vers vos désirs et ce que vous devez faire pour les réaliser.

Utilisez les chapitres suivants pour vous aider à mieux comprendre votre esprit et rappelez-vous que vous êtes la seule personne à détenir toute la vérité. N'ayez pas peur de regarder à l'intérieur de vous et de trouver les réponses dont vous avez besoin. Elles peuvent être différentes de celles proposées ici. Soyez courageux ; vous avez déjà parcouru un long chemin. Il ne vous manque plus qu'un stylo et du papier pour noter vos idées.

Le rêve lucide vous permettra de vivre la vie que vous avez toujours voulue. Il vous donne la possibilité de rencontrer vos plus grands héros, d'aller dans des endroits où vous avez seulement rêvé d'aller, de voler, de rompre des relations toxiques et d'en commencer de nouvelles. En vivant, on acquiert de l'expérience et on accède à quelque chose qui ne vient qu'avec la sagesse du temps. Plus on vit et plus on est spontané, plus on apprend. Alors, sortez de votre sommeil et vivez ! Volez et tombez du ciel. Posez des questions compliquées sur votre avenir, votre passé et votre présent. Apprenez tout ce que vous pouvez sur vous-même.

Pendant que vous vivez votre meilleure vie, prenez le temps de vous soigner. Guérissez les parties que vous croyez brisées et donnez-vous une chance de briller à nouveau. Réalisez vos peurs et débarrassez-vous-en. Comprenez pourquoi vous êtes tel que vous êtes en examinant votre passé. Vous pouvez même changer qui vous êtes en retournant dans vos souvenirs et en changeant ce que vous croyez être arrivé. Tout est possible. Vous pouvez même guérir votre cœur pour pouvoir aimer à nouveau. Vous pouvez faire des massages intenses pour vous sentir équilibré. Faites de l'exercice dans vos rêves et perdez du poids pour vous sentir à nouveau bien et en bonne santé. Vous serez étonné des résultats.

Poussez votre rêve un peu plus loin et planifiez votre réussite dans votre vie éveillée. Enfin, transformez ces fantasmes en réalité dans le présent. Vous pouvez le faire en dressant une liste de la façon dont vous voulez vivre votre vie. Au moment de vous coucher, référez-vous à cette liste afin de demander à votre subconscient comment vous pouvez atteindre vos objectifs et profiter au maximum de votre vie. Vous méritez de vivre la vie que vous envisagez. Vous méritez d'avoir une cave à vin, une belle cuisine et un beau jardin. Vous méritez de gagner un triathlon et d'aller à Wimbledon. Vous pouvez faire tout ce que vous voulez dans cette vie, vous le savez déjà. Maintenant, laissez-vous guider par vos rêves.

Chapitre 10 : Regarder ses rêves

Identifier les types de rêves, les thèmes et les sentiments

Rêves standard

Les rêves standard sont le type de rêve le plus courant et consistent généralement en des symboles et des images sans grande signification. Dans un rêve standard, il n'y a pas de changements corporels importants, d'émotions difficiles ou de scènes trop dramatiques. Le rythme cardiaque et la respiration restent relativement normaux. Après avoir fait un rêve standard, la plupart des gens n'essaient pas d'en trouver la signification, car il n'y a pas grand-chose à approfondir.

Un rêve standard est un excellent point de départ pour l'analyse des rêves, car ces rêves ne provoquent pas de stress émotionnel. Il ne faut pas s'attendre à déballer ses pires craintes à travers un rêve standard.

Une nuit, alors que je faisais du camping avec un groupe d'amis, j'ai rêvé que j'étais à une grande fête. Tout le monde s'amusait et buvait du champagne. Les femmes virevoltaient dans des robes du XVIIIe siècle et les hommes s'inclinaient devant elles dans l'espoir de les séduire. Tout allait bien, jusqu'à ce qu'un groupe de ninjas attaque la fête. Ce qu'ils ne savaient pas, c'est que tous les invités étaient des experts en combat à mains nues. Avec bravoure et honneur, le groupe a réussi à chasser les ninjas. Le matin venu, je me souviens que l'un de mes amis m'a demandé ce qui me faisait rire si fort dans mon sommeil.

La façon dont on se sent pendant un rêve et au réveil est essentielle pour reconnaître le type de rêve que l'on a fait et sa signification. Si j'avais été terrifiée dans mon rêve et que je m'étais réveillée avec des sueurs froides, j'aurais dit que c'était un cauchemar. J'étais heureuse dans mon rêve, heureuse quand je me suis réveillée, et aujourd'hui, je me souviens de mon rêve avec tendresse. Il s'agit donc d'un rêve standard qui doit être analysé comme tel.

Examinons quelques-uns des thèmes du rêve : positivité, violence, grandeur, divertissement, histoire et surréalisme. Si nous replaçons ces thèmes dans leur contexte, ils prennent un peu plus de sens. Un voyage en camping avec des amis est une expérience positive et divertissante. Les thèmes de la grandeur et des vêtements historiques pourraient représenter les traits de caractère de mes amies très féminines. Mais qu'en est-il de la violence ? Les jeunes filles se disputent (si vous ne le saviez pas) beaucoup. En tant qu'adulte, il peut être assez divertissant de voir des jeunes filles dans un groupe réussir à désamorcer une dispute, puis passer à une autre et la désamorcer à son tour. Je me souviens qu'enfant, je me lançais dans de multiples disputes avec mes amies, mais je parvenais toujours à m'en sortir sans m'effondrer sous la pression. Je me souviens d'avoir toujours testé les boutons qui valaient la peine d'être pressés, avant de m'enfuir le plus vite possible pour ne pas me faire traiter de fauteuse de troubles. Les jeunes garçons font de même, mais j'ai toujours pensé qu'ils n'étaient pas aussi prompts que les filles à se tirer d'affaire. Bien sûr, ce n'est pas le cas de tous.

Ce que je veux dire, c'est que si vous regardez comment les jeunes filles interagissent, la vision d'un combat contre des ninjas d'une manière amusante et spontanée a du sens. Tout ce qui s'est passé dans mon rêve n'était qu'un résumé de ce que je vivais dans ma vie éveillée. Nous pourrions également nous pencher sur la signification des symboles dans le rêve pour avoir une idée plus précise de ce que je vivais à ce moment-là. Les ninjas et les fêtes du XVIIIe siècle dans les rêves représentent respectivement un comportement passif-agressif et la compétition. Soudain, mon rêve fou a commencé à ressembler davantage au rêve standard d'une jeune fille qui traîne un peu trop avec ses amis. J'ai analysé ce rêve lorsque j'avais une trentaine d'années. Mais imaginez qui j'aurais été et comment j'aurais interagi avec mes amies si j'avais su ce que mon rêve signifiait à l'époque. J'aurais pu cesser de tâtonner avec des idées de compétitivité à un âge plus précoce. J'aurais pu éviter les disputes avec mes amies et entretenir davantage d'amitiés féminines. Imaginez ce que serait chaque enfant s'il pouvait développer son empathie et s'engager dans une introspection dès son plus jeune âge. Il suffit d'analyser ses rêves.

Rêves sexuels

Vous êtes-vous déjà réveillé au milieu de la nuit en vous sentant sexy, excité et dérangé ? Vos rêves ont-ils déjà abouti à des orgasmes nocturnes ? Les rêves sexuels et leur signification ne sont pas toujours littéraux. Bien qu'ils puissent représenter votre désir de sexe et d'intimité, ils sont souvent des apparitions de nos désirs, de nos inquiétudes et de nos angoisses.

Un rêve impliquant une fellation peut révéler votre désir de communiquer davantage dans votre vie éveillée, ou être le résultat d'une expérience récente impliquant une bonne conversation.

Je fais souvent des rêves sexuels. Ils ont commencé lorsque je me suis installée avec mon partenaire. J'étais si heureuse et je ne comprenais pas pourquoi mes rêves impliquaient constamment des relations sexuelles avec d'autres hommes. Au lieu de me sentir coupable de ces rêves, j'ai cherché à savoir pourquoi j'aimais ces hommes. J'aimais leur façon de s'habiller, leur parfum et la façon dont ils me demandaient comment j'allais. Il me semblait que l'affection que je leur portais était liée à des choses, des traits de caractère ou des comportements que mon partenaire ne m'apportait pas. Je me suis donc mise au défi de faire quelque chose pour y remédier. Et si je demandais à mon partenaire de faire ces choses pour moi ? Cela changerait-il quelque chose ?

Cela a fonctionné. J'ai demandé à mon partenaire de bien s'habiller pour nos rendez-vous, de parler de nos journées et de nos sentiments, de prendre de longues douches ensemble et de se couvrir mutuellement de parfums. Cela a fonctionné. Les rêves et les sentiments liés à ces rêves ont disparu.

Une fois, j'ai rêvé que mon patron me tenait de manière assez provocante. J'ai demandé à mon partenaire de prendre davantage le contrôle de notre relation, d'organiser des rendez-vous et de préparer des dîners — ce qu'il a fait —, et les rêves ont cessé. Mes rêves m'ont aidée à analyser ma relation et à l'améliorer. Je ne me sens pas coupable d'avoir fait ces rêves.

Pourquoi devrais-je me sentir coupable d'en vouloir plus ?

Je ne veux pas tromper mon partenaire, ce n'est pas ce que ces rêves signifiaient pour moi. Mes rêves me disaient ce que je voulais pour rester dans la relation. Une fois que j'ai su de quoi il s'agissait, je me suis sentie à l'aise pour explorer ces besoins avec mon partenaire, en veillant à ce que nous obtenions tous les deux ce que nous voulions pour que notre partenariat soit sain et heureux.

Il y a des personnes en couple qui ont envie d'en sortir, et vous êtes peut-être l'une d'entre elles. Je vous conseille de vous laisser guider par votre subconscient. Si vous voulez une aventure, parlez-en à votre partenaire. Il a peut-être autant besoin d'une pause que vous. Peut-être y a-t-il une signification plus profonde à votre besoin d'échapper à votre relation. Votre subconscient essaie peut-être de vous dire que votre partenaire n'est pas fait pour vous. C'est là qu'intervient le concept « moi » contre « toi ». Vous seul pouvez savoir ce que vos rêves essaient de vous dire. Il se peut que je sois complètement à côté de la plaque. Vous pouvez être plus proche de moi ou avoir une idée différente de ce qui se passe. Il n'y a pas de règles en matière d'analyse des rêves, il n'y a que vous et votre vérité. Vous connaissez cette vérité mieux que quiconque.

Qu'en est-il des rêves sexuels lorsque vous n'êtes pas en couple ?

Le sexe avec pénétration, le sexe oral et les caresses représentent tous le désir d'avoir quelque chose qu'on n'a pas encore. Un rêve de sexe avec un membre de la famille, bien qu'il puisse vous mettre étonnamment mal à l'aise, peut représenter votre désir de communiquer davantage avec cette personne. Un rêve sexuel avec un inconnu peut représenter votre désir de spontanéité, d'excitation ou de plaisir. Après avoir fait un rêve sexuel, essayez de faire quelque chose que vous aimez, comme une promenade ou de la pâtisserie. Invitez peut-être des amis à passer une soirée arrosée ou sortez danser. Un rêve de sexe ne signifie pas toujours que vous avez besoin de sexe, mais il signifie que vous avez besoin de quelque chose. Tendez la main dans votre rêve et demandez. La réponse pourrait vous surprendre ou non.

Rêves lucides

Si vous n'avez pas encore compris ce qu'est véritablement le rêve lucide, ce n'est pas grave. Il a fallu des milliers d'années aux scientifiques pour en venir à bout, et ils n'ont pas pu le comprendre pleinement sans l'aide des chats. Alors, essayons de comprendre ensemble.

Rêves récurrents
Certaines personnes font le même rêve de manière répétée pendant des années. J'ai fait un cauchemar particulièrement inquiétant pendant mon enfance : j'étais un chevalier vêtu d'un uniforme médiéval au sommet d'une tour de château. J'ai senti une peur s'installer dans mon corps, un avertissement que quelque chose était sur le point de se produire. Plus je faisais ce rêve, plus je me rappelais où je devais aller et quel était mon but. La première fois que je l'ai fait, je ne savais rien.

J'ai suivi mes sens vers une tour. Là, je suis entré dans une pièce si sombre que je ne pouvais rien voir. Soudain, j'ai été attaquée par le fantôme d'un autre chevalier. Dans une frénésie effrayante, je me suis battue contre ce chevalier invisible dont l'épée ne cessait d'apparaître et de disparaître.

Chaque nuit, pendant une grande partie de ma jeunesse, je me réveillais en sueur et en panique. Chaque fois que j'ai fait ce rêve, il s'est légèrement prolongé. En grandissant, je me suis habituée aux scènes et à la façon dont le rêve se déroulait. J'ai commencé à me rappeler où le fantôme se déplaçait et comment il réagissait. C'était comme jouer à un jeu vidéo. On finit par savoir exactement quand il faut accélérer et quand il faut se retenir parce que le jeu est toujours le même. La rapidité avec laquelle vous réagissez, qui peut venir avec l'entraînement ou l'intuition, est ce qui vous aide à gagner à la fin.

La dernière fois que j'ai fait ce rêve, je pense que j'avais environ dix-huit ans ; j'ai vaincu le fantôme et je n'ai plus jamais fait ce cauchemar. Pourquoi ce rêve se répétait-il si souvent ? Pourquoi se prolongeait-il sans cesse ? Pourquoi n'ai-je pas pu vaincre le fantôme à l'âge de quatorze ans ? Pourquoi cela ne s'est-il produit qu'à l'âge de dix-huit ans ?

Analysons mon rêve pour tenter de trouver ces réponses.

Les thèmes de mon cauchemar complexe sont la violence, la mort, les fantômes et les chevaliers. J'ai fait des recherches sur ces symboles et voici ce que j'ai trouvé : la violence dans les rêves symbolise la culpabilité. Dans mon cas, parce que j'étais maltraitée, la culpabilité était envers moi-même. De quoi me sentais-je coupable ? Incluons le thème de la mort dans l'exploration de ma culpabilité. La mort représente le changement. Il est fréquent qu'un jeune enfant fasse des rêves de mort. Le fait d'être si jeune signifie que les enfants sont les plus enclins aux changements et aux rêves de mort. Je me sentais probablement coupable de changer. Il y a toujours une partie de nous qui veut accepter et aimer ce que nous sommes. Dans mon cas, je voulais m'aimer, mais je voulais aussi changer et devenir une personne capable d'expérimenter la vie sans tous les défis. Je ne voulais pas du bagage émotionnel apporté par la pauvreté. Je ne voulais pas être traumatisée par tous les combats qui m'entouraient. Pourtant, je le voulais aussi, parce que c'était ma vie et ce que j'étais. Je me sentais coupable de vouloir changer et de changer.

Un fantôme symbolise la peur de la mort ou du changement. C'est exactement ce que je viens d'exprimer. Enfant, j'étais craintive et anxieuse face aux changements que je vivais. Le chevalier représente la sécurité, tandis que l'épée symbolise la bravoure. Pourquoi luttais-je contre la sécurité et pourquoi la bravoure m'échappait-elle ?

Tout au long de mon enfance, j'ai vécu dans des conditions loin d'être idéales. Ma famille n'avait pas des montagnes de sécurité, d'amour et d'argent à m'offrir. Tout ce qu'ils pouvaient faire, c'était m'aimer autant qu'ils le pouvaient. Quand on m'a offert plus, j'ai naturellement voulu profiter de cette sécurité, mais comment aurais-je pu le faire alors que ma famille se trouvait de l'autre côté de la barrière ? Je ne voulais pas les laisser là. Ainsi, le besoin de sécurité et d'une vie normale me battait sans cesse. Lorsque j'ai eu 18 ans et que j'ai enfin trouvé le courage de rompre avec la pauvreté persistante, c'est à ce moment-là que j'ai pu vaincre le fantôme, accepter ma différence et m'engager sur la voie de la sécurité, du refuge et d'une meilleure situation financière.

Ce rêve était le moyen pour mon esprit de faire face à l'idée que je voulais plus que ce que ma famille pouvait m'offrir.

Rêves de visite

Il s'agit d'une catégorie particulière et probablement l'une des principales raisons pour lesquelles le rêve est si souvent associé à l'ésotérisme. Lorsqu'un être cher disparaît, le cerveau traite des quantités massives d'informations, de sentiments, d'hormones et de substances chimiques intrinsèques et extrinsèques. Votre amygdale, qui contrôle vos souvenirs et vos émotions, fait des heures supplémentaires, vous abreuvant de souvenirs de vos proches et vous faisant fondre en larmes aux moments les plus inopportuns. Votre esprit essaie de vous pardonner ces crises, mais il est tellement occupé à gérer votre besoin de dormir, de manger, de boire et d'arriver à l'heure au travail que vous vous sentez souvent coupable. En outre, le traumatisme psychologique causé par le deuil peut se manifester physiquement et provoquer la chute des cheveux, des éruptions cutanées et des baisses du système immunitaire, entraînant des maladies. Votre esprit hésite entre trouver des excuses et s'accuser d'être à l'origine de votre chute.

Il n'est pas étonnant que votre esprit cherche à se soulager le soir après les souffrances de la journée. Un rêve de visite implique de voir ou d'entendre un être cher décédé.

Je suis sûr que les personnes qui s'intéressent à l'ésotérisme ou au spiritualisme vous donneront une foule d'explications sur le fait de voir l'être cher décédé pendant la nuit. D'un point de vue scientifique, c'est la façon dont votre corps guérit. Et si cet être cher est décédé il y a plusieurs mois, voire plusieurs années ? Pourquoi vous rendrait-il visite maintenant ? Votre cerveau traite constamment des informations. Ce mot que vous avez entendu votre mère dire en espagnol au téléphone lorsque vous étiez enfant est encore en cours de traitement.

Vous êtes-vous déjà demandé comment les bébés pouvaient soudainement passer de fragments d'un ou deux mots à des phrases entières ? C'est parce que leur cerveau traite en permanence les informations qu'ils reçoivent au fil du temps. Il n'est donc pas impossible que, des mois après un départ, vous pensiez encore à la personne. Perdre quelqu'un est particulièrement difficile ; c'est l'une des choses les plus difficiles que l'on puisse vivre. L'esprit ne peut pas traiter tout ce qu'il doit traiter pendant le deuil. Lorsque vous cesserez enfin de pleurer, votre esprit reviendra sur ce besoin de dire au revoir et vous en donnera l'occasion.

Lorsque j'avais une vingtaine d'années, ma grand-mère est décédée de manière assez inattendue. Sa disparition a été traumatisante pour toute la famille, et je n'ai pu faire face à la douleur qu'elle a causée que des années plus tard. Lors d'une sieste du dimanche après-midi, je me suis retrouvée dans un champ d'œillets dorés, sa fleur préférée. Elle était là, marchant joyeusement et sans être dérangée dans la prairie.

C'est l'un des premiers rêves que j'ai fait au retour de ma retraite. Je vous l'ai raconté très brièvement dans la première partie de ce livre. Profitons de l'occasion pour analyser ce rêve plus en détail.

Les thèmes de ce rêve étaient : les fleurs, la lumière et les visites.

Les fleurs dans un rêve représentent le bonheur et la joie, tandis que la lumière du soleil représente la victoire et la prospérité : vivre. Ces significations, associées à la vision de ma grand-mère marchant joyeusement dans un pré, montrent que mon esprit savait que son âme était en paix. C'est grâce au rêve lucide que mon subconscient a pu transmettre cette information à mon esprit éveillé afin que je puisse vraiment accepter son décès. Mais tous les rêves ne sont pas aussi simples et crédibles. Comme pour tout ce qui touche à la science, il y aura des cas inexplicables. Je vais vous donner un exemple. À l'université, une amie m'a raconté un rêve qu'elle avait fait la nuit précédente. Elle m'a expliqué qu'elle s'était réveillée avec un visage enflammé et couvert de cendres qui la regardait. Le visage ne l'a pas effrayée, mais après l'avoir regardé sous plusieurs angles, elle a décidé de vérifier qu'elle n'était pas en train de devenir folle et que le visage était bien là. Elle a allumé l'interrupteur, regardé à nouveau et le visage avait disparu.

Plus tard, dans l'après-midi, on a annoncé qu'un étudiant était décédé dans l'incendie d'une des résidences du campus. A-t-elle vu le visage de l'élève décédé ?

Le feu dans un rêve représente une compréhension et une signification cachées. Un visage brûlé dans un rêve représente un lien entre le monde spirituel et le monde vivant. Seule mon amie peut savoir si elle a vu le visage de l'étudiant décédé ou si son rêve lui a révélé sa capacité à parler à ceux qui sont décédés.

Une autre théorie pourrait être que, inconsciemment, elle entendait les flammes vaciller dans la nuit et que son cerveau a fait le rapprochement entre les deux et créé un visuel. Son rêve pourrait également être une coïncidence.

Ce qu'elle pense est ce qui compte le plus. Je sais qu'elle pense que ce rêve était une coïncidence, qui l'a amenée à donner un peu plus de sens à sa vie. « On ne sait jamais combien de temps il nous reste. Si c'était un fantôme, il m'a fait un cadeau. S'il ne l'était pas, je pense que mon cerveau a besoin de vacances. » Elle étudiait l'ingénierie et aurait pu devenir folle.

Rêves psychiques

Ce type de rêves a accumulé de nombreuses explications spirituelles. Pendant des siècles, les gens ont affirmé que leurs rêves étaient des visions psychiques, des images de l'avenir. Nostradamus est un personnage principal important de ce rêve. Il n'est pas prouvé que Nostradamus ait rêvé ses prédictions, mais il a calculé la possibilité que des événements similaires se produisent. Par exemple, il n'est pas fait mention d'Adolf Hitler ou du Covid dans ses œuvres. Nostradamus a plutôt prédit qu'un homme d'origine allemande provoquerait une grande guerre. De même, il a prédit qu'une grande pandémie entraînerait un arrêt de la socialisation.

Les scientifiques du monde entier tentent toujours de prouver à quelle guerre et à quelle pandémie il faisait référence, ainsi que pour toute une série d'autres événements qu'il a prédits. Il n'en reste pas moins un sujet de discussion fascinant, et vous trouverez de nombreux ouvrages explorant la plausibilité de ses visions. De même, les scientifiques ne savent pas si certains rêves sont des visions psychiques ou la façon dont le cerveau traite les résultats possibles.

C'est ce que font les athlètes lorsqu'ils s'entraînent avec des psychologues de la performance. En utilisant des techniques d'imagerie visuelle et des activités de rêve lucide, les athlètes rêvent de leurs plans, s'entraînent à la course et se confrontent à diverses situations. La plupart des athlètes l'ont fait ; ils ont traité leurs réactions à certains événements des milliers de fois, consciemment et inconsciemment.

J'avais un ami qui jurait pouvoir prédire l'avenir après avoir fait un rêve qui s'était transformé en réalité. Ils ont rêvé que leur chien était tombé dans la piscine. Dans leur rêve, ils couraient vers leur animal et le sortaient de l'eau. Le lendemain, c'est arrivé.

Peut-être pouvaient-ils prédire l'avenir ou peut-être avaient-ils remarqué que la barrière de la piscine était restée ouverte. Le rêve était leur subconscient qui essayait de leur rappeler de la fermer. Les chiens dans les rêves symbolisent la protection. Tomber dans une piscine représente les angoisses et les peurs de l'enfance. Il est possible que mon ami ait eu l'impression que sa forme de protection actuelle n'était pas suffisante et qu'il ait été contraint d'intervenir et de devenir le héros. Il est fréquent que les enfants se rendent compte que leurs parents ne sont pas des superhéros. À ce moment-là, la plupart des enfants commencent à prendre leur vie en main. C'est une bonne chose, car cela signifie qu'ils deviennent plus indépendants. C'est peut-être ce que mon ami vivait, et l'incident qui s'est produit le lendemain n'était que la preuve de ce qu'ils savaient déjà, à savoir qu'il était capable de subvenir aux besoins de sa famille et de la protéger. En fin de compte, personne d'autre ne peut vous dire ce que signifient vos rêves.

Rêves d'aujourd'hui

Les rêves éveillés sont des scènes visuelles ou sonores qui se déroulent dans votre tête pendant la journée, alors que vous êtes éveillé. Les enfants sont parmi les meilleurs rêvasseurs que j'aie jamais rencontrés. Que vous leur expliquiez l'algèbre ou comment plier le linge, ils trouveront le moyen de rêvasser et d'ignorer tout ce que vous dites, même lorsqu'ils vous regardent droit dans les yeux. Dans la plupart des cas, les rêves éveillés ne sont que le fruit de votre imagination pour vous divertir. Ils sont faciles à mémoriser et amusants à utiliser. Les rêves éveillés peuvent également être un moyen d'atténuer le stress, d'être créatif ou d'explorer des conversations et des événements d'une manière socialement acceptable. Ce n'est pas bien de frapper votre frère ou votre sœur sur la tête avec un livre quand il ou elle vous ennuie, mais vous pouvez rêver à ce sujet. Si vous avez du mal à vous souvenir de vos rêves, essayez de faire un rêve éveillé. Il s'agit simplement de s'imaginer dans un scénario et d'y réagir. Voici de quoi vous aider à démarrer.

Vous vous promenez dans la jungle et vous voyez un tigre. Que se passe-t-il ?

Si vous avez du mal à vous souvenir de vos rêves, vous pourriez dire quelque chose comme « Je me fais à manger et c'est tout » ou « Pourquoi suis-je dans la jungle ? Je n'aime même pas être dehors ». Rappelez-vous qu'il n'y a pas de bonne ou de mauvaise réponse. Les deux réponses sont correctes et révèlent beaucoup de choses sur votre personnalité. Cependant, dans la pratique du rêve lucide, il est important de toujours penser à ce qui va se passer ensuite. Par exemple :

« Je me promenais dans la jungle et j'ai vu un tigre. Bien sûr, j'ai eu peur et je me suis enfui. Le tigre m'a suivi. Je me suis approché d'un ruisseau et j'ai plongé, laissant l'eau m'emporter loin de la menace d'être mangé. Les cours d'eau en mouvement conduisent cependant à des chutes d'eau, et ainsi... »

Essayez de terminer le reste par vous-même. Ne réfléchissez pas trop. Utilisez simplement ce qui vous vient à l'esprit.

Cauchemars

Je suis sûr que vous avez envie d'en savoir plus sur la face cachée du sommeil.

Soyons clairs : il y a une grande différence entre un cauchemar et un mauvais rêve. Les terreurs nocturnes, les cauchemars et la paralysie du sommeil présentent tous des caractéristiques qui les différencient. Un mauvais rêve est simplement un rêve ordinaire qui ne provoque aucun ou beaucoup de changements corporels et, bien que cela puisse ne pas être un bon début de matinée, la plupart des gens oublient leurs mauvais rêves à l'heure du déjeuner.

Un cauchemar est très différent car, pendant le rêve, le cœur de la personne s'emballe, sa respiration s'accélère et son amygdale s'allume alors que la peur s'empare de son corps. Au réveil, la personne est immédiatement alerte et peut encore être effrayée. Au cours de la journée, elle peut se sentir encore agitée par le contenu du rêve, dont il peut ou non se souvenir. Un cauchemar est effrayant. Je vais en donner un exemple, en ajoutant peut-être un peu d'humour involontaire à la situation.

Si je vous disais que j'ai fait un cauchemar dans lequel mon ours en peluche prenait vie, vous ricaneriez et demanderiez : « N'est-ce pas le fantasme de tous les enfants ? » Mais dire cela serait méconnaître le terme « cauchemar » et les effets d'un cauchemar. Ce n'est pas ce qui se passe dans un cauchemar qui le rend effrayant, c'est la peur illogique qui en découle. N'oubliez pas que, lorsqu'il s'agit d'analyser les rêves, se concentrer sur le type de rêve n'est qu'une partie du processus.

Examinons les thèmes qui peuvent être présents dans un cauchemar où un ours en peluche prend vie. Il peut s'agir d'une dysmorphie corporelle, de mouvements d'objets non naturels, de sons non reconnaissables et d'événements imprévus. Aujourd'hui, une image plus large et plus détaillée commence à se dessiner. Le cauchemar est peut-être le moyen pour le cerveau de comprendre qu'il ne se sent pas à l'aise dans son propre corps. Cela peut être dû à diverses raisons. La personne a peut-être récemment perdu un membre. Le cauchemar peut également refléter les préoccupations d'un planificateur anxieux.

Imaginez une mère qui organise un voyage scolaire pour cinquante enfants. Que se passerait-il si l'un d'entre eux décidait de faire ce qu'il veut, s'éloignait et ne revenait pas ? Il s'agit là de craintes très réelles qui ne sont peut-être pas immédiatement apparentes. Et si vous faites un cauchemar similaire, mais que vous ne pouvez pas vous empêcher d'en rire et de penser : « Oh, le cerveau, à quoi es-tu allé penser maintenant ? », il est remarquable que vous puissiez vous débarrasser d'une telle frayeur. Beaucoup d'autres personnes ne peuvent pas le faire et, souvent, lorsqu'il y a un cauchemar, il y en a d'autres.

Terreurs nocturnes

Les personnes qui souffrent de cauchemars fréquents confondent parfois leur sommeil douloureux avec des terreurs nocturnes. Les terreurs nocturnes sont un phénomène effrayant à observer, souvent plus qu'à vivre. De nombreuses personnes souffrant de terreurs nocturnes ne se souviennent pas de ce qui s'est passé.

Vous souvenez-vous que, pendant le sommeil, les neurones moteurs de votre cerveau sont inhibés pour vous empêcher de réaliser vos rêves ? Chez les somnambules, ce n'est pas toujours le cas. Les terreurs nocturnes sont similaires. La personne ne se lève pas et ne se déplace pas, mais elle met en scène ses rêves alors qu'elle est allongée dans son lit, souvent en se débattant et en donnant des coups de pied dans les draps. Dans certains cas, le rêveur peut s'asseoir et avoir une conversation avec son agresseur.

Chaque jour, des gens du monde entier parlent, rient et pleurent dans leur sommeil. J'ai même vécu des moments où un ami dormait et parlait, où je lui posais une question et où il me donnait une réponse des plus humoristiques et des plus ridicules. Personne n'est possédé et personne n'est en danger, si ce n'est le rêveur dans son esprit.

Les récits de terreurs nocturnes font état de combats contre des monstres, de fuite devant des agresseurs et même de noyade. Les raisons de ces rêves et de ces thèmes sont nombreuses. Une terreur nocturne impliquant une noyade peut signifier que la personne subit une forte pression ou qu'elle a l'impression de ne pas pouvoir faire face à la situation. Un rêve dans lequel il s'agit d'échapper à des agresseurs peut signifier que le rêveur a l'impression de garder trop de secrets ou que tout le monde le déteste. La signification du rêve peut varier en fonction de la race, de l'origine ethnique ou même du sexe.

Je le répète : les rêves ne peuvent être véritablement analysés que par le rêveur.

Paralysie du sommeil

J'ai abordé ce sujet dans la première partie, mais je vais ajouter un peu plus de détails. La paralysie du sommeil est un rêve qui implique l'incapacité de bouger pendant quelques minutes avant de se rendormir. Biologiquement, cela se produit lorsque le cortex préfrontal est suffisamment actif pour que l'individu puisse ouvrir les yeux, voir la pièce et reconnaître l'endroit où il se trouve.

Il est différent du rêve lucide, car le cortex préfrontal n'est pas aussi éveillé que pendant la paralysie du sommeil. Est-il possible de réveiller mon cortex préfrontal au point de provoquer une paralysie du sommeil ? En théorie, oui. Si vous vous attendiez à faire un rêve lucide et que vous vous retrouvez éveillé et incapable de bouger, vous serez suffisamment lucide pour vous souvenir de votre plan, et l'expérience pourrait être beaucoup plus agréable.

La plupart des rêveurs qui souffrent de paralysie du sommeil ne sont pas sûrs de ce qui se passe ni de la façon dont ils sont arrivés là, ce qui peut être assez effrayant. Certaines personnes affirment avoir eu des visions pendant l'expérience, ce qui l'a aggravée, tandis que d'autres disent qu'elle les a simplement mises mal à l'aise. Ayant souvent souffert de paralysie du sommeil, j'ai souvent eu des visions et des hallucinations pendant l'événement. Avec le temps, j'ai remarqué que beaucoup de ces hallucinations restaient les mêmes. Par exemple, quel que soit mon âge ou l'endroit où je dormais, chaque fois que je souffrais de paralysie du sommeil, les murs ondulaient et les images fondaient. Ce seul fait m'a permis de mieux gérer l'expérience. Puis, une nuit, alors que j'étais devenue lucide, la chose la plus incroyable s'est produite : mon doigt a bougé.

Figures de rêve

Les rêves sont des codes de l'inconscient. Avant de pouvoir contrôler et écrire dans ces codes, il faut les connaître. On ne peut pas parler italien si on ne connaît pas la langue. On ne peut pas communiquer avec un sourd si on n'a jamais appris à signer.

J'ai élaboré un petit dictionnaire de ce que peuvent signifier les différents personnages de vos rêves. Il est important de se rappeler que, quelle que soit l'interprétation la plus courante de ces figures, ce qui compte, c'est ce que vous savez de vous-même. N'oubliez pas que l'obscurité n'est pas toujours mauvaise et que la lumière n'est pas toujours bonne. Tout dépend de ce que vous croyez. Ainsi, si votre interprétation des figures de votre rêve ne correspond pas à ce qui est mentionné ici, vous avez quand même raison.

Les animaux
Le fait de voir des animaux, des prédateurs ou des herbivores dans votre rêve est à la fois un signe

d'amour et un signe de confiance. Les animaux représentent les parties les plus profondes de nous-mêmes, nos âmes, nos besoins et nos désirs. L'animal que vous voyez représente quelque chose que vous avez oublié en vous. Un lapin en peluche symbolise votre nature plus douce et intuitive. Peut-être avez-vous perdu votre compassion à cause d'une bataille furieusement frustrante. Si vous voyez un aigle, il peut s'agir de votre besoin de vengeance, de votre soif de chasser et de votre besoin d'attirer l'attention sur la noirceur des autres. N'oubliez pas qu'aucun animal n'est mauvais. Ce sont des êtres complexes qui essaient simplement de survivre dans le monde. Les gens sont pareils. Alors, soyez attentifs à ces créatures intéressantes et regardez à l'intérieur de vous pour trouver ce qui vous manque.

Les bébés

Il n'y a rien de tel que de voir un bébé pleurer dans un berceau à côté de votre lit dans une pièce remplie d'éclairage doré et de rideaux blancs. Tout comme un lapin blanc duveteux, le bébé peut représenter votre besoin d'être vulnérable. Le bébé peut également symboliser le souvenir de vous-même en tant que bébé, ou votre propre besoin de produire une progéniture. Il peut représenter une grossesse ratée ; il peut être l'adieu de l'enfant que vous n'avez jamais pu voir. Regardez autour du bébé et voyez ce qui pourrait vous aider à comprendre votre rêve.

Être poursuivi

Lorsque vous fuyez quelqu'un et que la sueur coule le long de votre dos, ce n'est pas toujours une bonne sensation.

La manière dont vous vous sentez poursuivi est très importante. Si vous essayez anxieusement de dépasser votre concurrent, cela peut symboliser que vous fuyez quelque chose dans votre vie. Vous fuyez peut-être un souvenir, une personne, un secret ou un projet. Vous vous sentez peut-être dépassé et vous n'arrivez pas à vous échapper. Les rêves de cette nature sont le signe que vous devez prendre le contrôle de ceux-ci et de votre vie réelle, ralentir et arrêter la poursuite. Vous n'êtes pas sans défense. Et si quelqu'un vous donne ce sentiment, partez ! Vous êtes assez fort et vous trouverez un nouveau travail, un nouvel amant et un nouvel endroit où vivre. Partez, c'est tout. Je vous promets que les choses finissent toujours par s'arranger. Être poursuivi n'est pas le seul choix qui s'offre à vous.

Par contre, si vous aimez être poursuivi, cela pourrait symboliser que vous entrez dans une nouvelle carrière excitante ou une opportunité romantique. Il n'y a rien de mieux que de se sentir désiré.

Je me souviens d'une nuit, au début de la trentaine, où j'ai finalement décidé de quitter mon travail. Ce n'était pas quelque chose que je voulais faire. Mais après des mois passés à rentrer chez moi tous les jours, épuisée émotionnellement et physiquement d'avoir été maltraitée, sous-payée et sous-estimée, je n'en pouvais plus. J'ai écrit à mon employeur une lettre de revendications. À l'époque, j'étais responsable de plus de la moitié des clients de l'entreprise et ce que je voulais était très peu de choses. Je souhaitais simplement que mon salaire corresponde à mes heures de travail et que la pause déjeuner soit fixée à midi.

J'étais payée pour vingt heures de travail, alors qu'ils m'en faisaient travailler vingt-huit. Je n'avais même pas droit à une pause déjeuner et je devais manger rapidement entre les rendez-vous avec les clients. Cela me fatiguait et me mettait mal à l'aise, car je luttais contre mon poids à l'époque. J'étais sûre qu'ils accepteraient mes exigences. La nuit précédant ma rencontre avec mon employeur, j'ai rêvé que j'étais poursuivie ; j'ai fait un test de réalité et je me suis souvenue que j'allais remettre mes demandes le matin et démissionner s'ils ne les honoraient pas. J'ai donc commencé à sourire dans mon rêve et à m'éloigner de mon poursuivant. Ce fut une expérience merveilleuse et passionnante. D'autres personnes se sont jointes à la poursuite. Chacun me lançait des fleurs et des perles, qui rebondissaient sur mon bouclier d'aura rose et dans les champs de fleurs qui m'entouraient. J'ai adoré.

Je me suis réveillée le matin, je suis allée travailler et j'ai vu que mon employeur avait refusé mes demandes. J'étais effondrée. Où allais-je trouver un autre emploi dans un délai aussi court ? Mais le destin a voulu qu'une semaine après avoir posé ma candidature, mon expérience au sein de l'entreprise m'ait permis de trouver un emploi parfait dans plus de dix autres entreprises, qui offraient toutes des avantages et un meilleur salaire. Je n'arrivais pas à croire à ma chance. Mon moi en rêve avait raison : je n'avais aucune raison de m'inquiéter.

Si les choses ne marchent pas et que vous avez l'impression de ne pas pouvoir vous échapper, c'est le signe qu'il faut faire le point sur la réalité.

Vêtements

Ce que nous portons ou choisissons de porter dans un rêve montre qui nous sommes et comment nous nous sentons par rapport à nous-mêmes. Si vous vous voyez souvent dans des vêtements brillants dans vos rêves, vous êtes peut-être une personne expressive, qui juge et qui a du pouvoir. Vous pouvez aussi vous voir sous les traits d'un mendiant, avec des vêtements en lambeaux et des chaussures usées. Vous êtes peut-être triste de votre tenue vestimentaire. Dans ce cas, changez-la. Les sentiments que vous éprouvez à l'égard de vos vêtements peuvent traduire votre besoin de les changer.

Il se peut que vous entreteniez le mensonge selon lequel vous êtes pauvre et indigne. Ce n'est pas vrai.

Vous avez du pouvoir parce que vous avez fait les poubelles et que vous avez survécu. Vous avez le sens des affaires et de l'économie. Vous êtes fort et précieux, et si vous vouliez vraiment changer de vêtements, vous le pourriez. Vous n'êtes pas sans défense. Si vous êtes heureux dans vos guenilles, c'est peut-être parce que vous l'avez déjà compris.

La mort

Le changement est compliqué et réparateur, que nous en soyons heureux ou non. Le changement, c'est la mort, et la mort, c'est le changement. Si quelqu'un ou quelque chose meurt dans votre rêve, cela représente le changement. Si vous tombez d'une falaise, que vous vous évanouissez soudainement et que vous vous réveillez en sueur en ayant l'impression d'être mort dans votre rêve, c'est le cas, bien avant le rêve. Vous êtes en train de changer, à tel point que vous refusez de vous laisser tomber d'une falaise et de mourir. Vous refusez de répéter les événements du passé ou de rester impuissant. Le changement peut être effrayant, c'est pourquoi nous sentons notre cœur s'emballer à chaque instant lorsque nous nous réveillons d'un tel rêve. Le changement est effrayant, mais pas toujours mauvais. Aussi étrange et sombre que cela puisse paraître, il y a des rêves de mort qui vous laissent un sentiment de béatitude. Observez vos sentiments et reconnaissez-les dans le contexte de ce qui se passe. Vous n'êtes pas fou et vous n'êtes pas une personne horrible.

La chute

La chute est fréquente dans les rêves. Elle symbolise la perte de contrôle. Ce n'est pas toujours une mauvaise chose, mais la plupart des gens se sentent anxieux dans ces scènes, terrifiés à l'idée de heurter le sol. Ce que nous oublions, c'est que dans la vie, il y a tant de gens autour de nous pour nous rattraper et qui iraient jusqu'au bout du monde pour nous sauver. Vous devez vous rappeler sans cesse ces figures héroïques dans votre vie. Ensuite, dans votre rêve, vous vous rappellerez que vous ne faites que rêver, car il y aura toujours quelqu'un pour vous aider lorsque vous tomberez.

Les mains

Prendre conscience de vos mains peut vous aider à devenir lucide. Leur apparence et ce qu'elles vous font ressentir peuvent mettre en lumière une partie importante de votre psyché. Si vos mains sont sales ou mutilées, cela peut être le signe que vous vous sentez coupable de quelque chose.

Je me souviens d'être partie en vacances avec ma famille et d'avoir fait un rêve affreux dans lequel mes ongles tombaient. Dans ce rêve, j'avais envie de me laver les mains et de recoller mes ongles, mais je n'y arrivais pas. C'était exaspérant. Lorsque je me suis réveillée, j'ai réalisé que cela faisait des semaines que je ne m'étais pas coupé les ongles, que je ne m'étais pas rasé les jambes et que je n'avais pas appliqué de crème hydratante. C'était pendant les vacances, j'avais donc le temps de prendre soin de moi, mais je ne l'avais pas fait. J'étais tellement préoccupée par le fait de partir et d'être gentille avec ma famille que j'ai oublié la personne la plus importante : moi-même. Ce jour-là, j'ai pris soin de me couper les ongles, de me laver les cheveux, de prendre un bain, de me raser et de m'hydrater. Le rêve ne s'est pas reproduit.

Aussi troublants que puissent paraître nos rêves, ils révèlent une part importante de nous-mêmes. Dans mon cas, mon subconscient avait senti que je pourrissais lentement et que j'avais besoin de temps pour prendre soin de moi et de mon corps. Mon esprit savait ce dont j'avais besoin, mais je n'y prêtais pas attention. En dormant, j'ai pu comprendre ce que le fait de me négliger faisait à moi et à mon estime de moi-même.

Tuer

Vous pouvez vous retrouver face à un attaquant armé. Le meurtre, comme la mort, représente un désir de changement. Ce désir de changement peut être le vôtre ou celui de quelqu'un d'autre.

À la fin de la vingtaine, j'ai eu une relation avec un homme que je croyais être « le bon ». Il était charmant lorsque nous nous sommes rencontrés, mais au fil du temps, j'ai fait les frais de ses graves problèmes de colère. Une nuit, j'ai rêvé qu'il était mon agresseur. J'ai tenu le couteau et je l'ai plongé dans ses mains et ses bras à plusieurs reprises. C'était horrible et j'ai détesté chaque minute de ce rêve. Qu'est-ce que cela signifiait et en quoi cela m'aidait-il ?

La semaine suivante, j'ai fait mes valises et je suis rentrée chez moi. Je l'ai quitté parce que j'étais terrifiée à l'idée de lui faire du mal. Il m'a fallu des années pour comprendre la signification de ce rêve. Je détestais ses mains et la façon dont il les utilisait pour me faire du mal, mais je les aimais parce qu'elles étaient les siennes et que je l'aimais. Je ne saurai jamais si je l'aurais tué ou non. Mais heureusement, mon rêve m'a empêchée de vivre cette réalité. Il n'est plus dans ma vie, grâce à mon subconscient qui s'est ouvert à moi.

Si vous avez déjà rêvé de vous tuer ou de tuer quelqu'un, demandez à votre esprit ce qu'il veut tuer et réagissez en conséquence. Ressentez la culpabilité du rêve, la douleur et la terreur. Rappelez-vous que votre subconscient sait ce que ces sentiments vous apporteront, et ce sera pour le mieux. Votre esprit travaille toujours dans votre intérêt, alors écoutez.

Chapitre 11 : Exploration de la psyché

Les choses à essayer dans vos rêves

Voler

L'une des activités les plus courantes dans les rêves est le vol. Pouvoir voler est excitant, mémorable, palpitant et enchanteur. C'est irrésistible et cela nous rappelle que nous sommes la barrière entre le possible et l'impossible. Même la gravité n'est pas une limite. Il suffit de penser aux frères Wright, les premiers à construire un avion, et à Amelia Earhart, la première femme à traverser l'Atlantique en avion. Tout est possible, et notre monde des rêves nous le rappelle.

Je veux que vous voliez à travers les nuages dans vos rêves et que vous vous envoliez comme un aigle au-dessus des montagnes et des rivières. Volez partout où vous rêvez d'aller : Pérou, Italie ou Afrique. Explorez le monde comme vous l'avez toujours voulu, sans avoir besoin d'argent.

À la rencontre des héros

Vous aimeriez peut-être rencontrer votre héros ? Y a-t-il quelqu'un avec qui vous mourez d'envie d'avoir une conversation ? Un animal, une personne ou un être cher ? C'est l'occasion ou jamais. Rien ne peut vous arrêter, pas même la mort. Envolez-vous à travers le monde pour le rencontrer ou faites-le apparaître là où vous êtes. Posez-lui des questions brûlantes et apprenez à connaître son esprit. Serrez-lui la main ou chassez-le de votre esprit pour de bon. C'est à vous de décider qui il est par rapport à l'image que le monde s'en fait.

Se préparer aux entretiens

Mais si parler à des héros et voler ne vous convient pas et que vous préférez faire quelque chose de plus significatif, pourquoi ne pas vous préparer à des entretiens d'embauche, des discours ou des présentations ?

Imaginez la salle devant vous, évoquez l'intervieweur, sa personnalité et sa voix, puis entraînez-vous et prononcez les mots que vous allez dire. Créez différents scénarios pour vous aider à naviguer dans les voies que l'entretien pourrait emprunter. En participant à un entretien préliminaire, vous pourrez vous faire une idée plus précise de ce que vous souhaitez faire. Utilisez ce temps pour vous préparer et comprendre des choses que vous n'auriez jamais pu savoir. Rappelez-vous qu'aucune information n'est interdite. Et si vous ne trouvez pas les réponses que vous cherchez en vous-même, pourquoi ne pas demander l'avis d'un expert en la matière ?

Revisitez vos souvenirs

L'une des expériences de rêve que j'adore consiste à revisiter mon passé et à revivre mes souvenirs. J'aime réexplorer qui j'étais et pourquoi j'ai pris ces décisions. Parfois, lorsque nous regardons en arrière lorsque nous sommes éveillés, nous oublions tous les éléments qui ont conduit à nos décisions.

Un ami très sage m'a dit un jour : « Personne ne connaît mieux la situation que toi au moment où elle se déroule. » J'ai adoré cette phrase et elle est restée gravée dans ma mémoire. Nous étions à un mariage et on m'a demandé de faire un discours. J'étais tellement nerveuse à l'idée de rater mon texte et que le public ne rie pas à mes blagues que mon amie m'a dit ceci. Cela m'a fait comprendre que si nous faisons ce que nous faisons, c'est parce qu'il n'y a pas d'autre solution. Personne n'a eu l'occasion de rire de mes blagues car, au milieu de mon discours, un invité s'est mis à vomir. Il y avait de la nourriture et du vin partout sur le sol. Ce n'est qu'une heure après que tout le monde s'est calmé que le marié nous a informés que la personne avait un cancer. On ne pouvait plus faire de blagues ce soir-là, et mon discours n'était qu'un segment de néant au milieu de la douleur que tout le monde a ressentie. Il n'y avait rien d'autre à faire que d'arrêter de parler et d'observer avec horreur le déroulement de l'événement. Parler aurait aggravé la situation ; cela aurait montré un manque d'empathie. Je ne suis pas une personne insensible et je me soucie des autres.

Aucune parole de sagesse ne pouvait être prononcée à ce moment-là.

Ce que je veux dire, c'est que vous devez explorer vos souvenirs et vous rappeler pourquoi vous avez pris les décisions que vous avez prises. Vous les avez prises avec beaucoup de raisons. Ne vous sentez pas coupable, ne vous sentez pas brisé ou triste à cause du passé, parce que vous avez fait de votre mieux. C'est ainsi que votre vie devait se dérouler. Les raisons deviendront plus claires à mesure que vous explorerez votre passé.

Vaincre ses peurs

Une autre expérience formidable consiste à vaincre ses peurs dans ses rêves. Respirez, ouvrez votre cœur et sautez de la falaise qui vous fait peur. Si vous parvenez à vaincre la peur qui vous arrêtait auparavant, vous ressentirez certainement ce sentiment de fierté et d'accomplissement auquel vous aspirez. Si les araignées vous terrifient, essayez de les comprendre dans vos rêves. Soyez ami avec elles et comprenez leur existence.

Pendant la majeure partie de ma vie, j'ai eu le vertige. Je me souviens qu'une fois, lors d'une sortie scolaire, nous devions tous descendre en rappel le long d'un rocher. Ce n'était pas très haut, mais il y avait beaucoup d'arêtes qui n'étaient pas fixes et sur lesquelles on aurait pu glisser. Je pensais que tout irait bien parce que je regardais vers le haut et non vers le sol. Mais à un moment donné, j'ai réalisé que j'étais trop loin du haut et trop loin du bas. Coincée au milieu, j'ai commencé à pleurer. Il n'y avait aucun moyen de remonter, je devais donc continuer. Je n'ai pas pu le faire ; je suis restée suspendue et j'ai sangloté.

Des années plus tard, grâce à la connaissance du rêve lucide, je suis retourné à ce moment pour comprendre ce qui s'était passé et voir si je pouvais gérer ma peur des hauteurs. En regardant mon rêve, j'ai réalisé que les cordes sur lesquelles je descendais en rappel s'arrêtaient à une certaine distance du sol. Tous les autres enfants ont été aidés à descendre par un coordinateur, mais dans les images de mon rêve, il n'y avait personne. Quelqu'un a dû descendre pour m'aider parce qu'il n'y avait personne en bas. Je serais tombée si j'avais sauté. Je n'étais qu'une enfant. Il n'est pas étonnant que j'aie été terrifiée à l'idée de faire ce saut. Je me serais fait mal. J'ai eu raison de demander de l'aide. Beaucoup d'autres enfants n'auraient pas pu risquer leur réputation et se blesser gravement. Aujourd'hui, je me vois différemment. Je repense à ce moment et je suis impressionnée par mon sens de l'observation. Grâce à mes pleurs, les autres enfants après moi ont pu bénéficier de l'aide de quelqu'un. L'équipe était « sur ses gardes » par la suite, ce qui aurait dû être le cas dès le départ. Pour moi, cela ressemble à un sacré *leader*, pas à quelqu'un qui a le vertige. Depuis ce rêve, je peux me tenir sur le balcon le plus élevé et regarder en bas, sans avoir peur de tomber.

Il n'y a pas de limite aux avantages que vous pouvez tirer du rêve lucide. Il n'y a pas de limite aux connaissances que vous pouvez acquérir. Vous pouvez faire et être tout ce que vous voulez, tout comme vous pouvez le faire dans votre vie de tous les jours.

Se guérir soi-même

Le rêve lucide peut vous aider à commencer à vous guérir, à guérir vos souvenirs, vos sentiments, votre corps et votre cœur. Ces parties de vous ont été endommagées par tous les mensonges que la société nous raconte. Nous nous perdons et nous nous blessons jusqu'à ce que nous soyons des vases brisés. Vous devez regarder au-delà des figures que vous voyez dans vos rêves, manipuler les scènes et trouver les significations cachées. Ce n'est que dans l'état d'inconscience que l'on peut commencer à croire à ce que l'on croit impossible.

On vous a dit que vous n'étiez pas intelligent et, par conséquent, vous ne croyez pas que vous pouvez réussir - ce qu'on vous a dit était un mensonge. Vous n'y croirez pas tant que votre esprit ne sera pas ouvert, ce qui est le cas lorsque vous êtes endormi. Vous devez ouvrir votre esprit à ces possibilités dans vos rêves. Prenez le temps d'observer ce qui se passe autour de vous et, lorsque vous aurez commencé à comprendre un peu mieux votre monde, commencez à manipuler les événements.

Je me souviens d'un rêve que j'ai fait dans ma jeunesse. C'était à une époque de l'école où mes deux meilleures amies se disputaient sans fin sur tout et n'importe quoi, des garçons aux jouets, en passant par les gadgets et la cuisine. J'ai donc rêvé d'un léopard et d'un écureuil qui se battaient. Le léopard grognait contre l'écureuil et l'écureuil se grattait les yeux. C'était horrible à regarder parce que j'avais peur que l'un des deux tue l'autre ; enfin, surtout le tigre. J'avais peur que les disputes changent notre amitié et la détruisent au point que nous ne puissions plus nous voir.

Je ne voulais pas que notre groupe se sépare, mais notre relation devenait toxique. Elle faisait du mal à tous ceux qui la regardaient se dérouler. « Arrêtez ça ! Éloignez-vous l'une de l'autre. Ou vous vous entendez, ou on ne peut pas faire ça ! Je vous aime tous les deux, mais je ne vais pas vous laisser détruire notre amitié. Nous sommes amies depuis des années ; soit nous avons tous besoin d'un peu d'espace chacun dans son coin, soit vous apprenez à vous entendre. L'un ou l'autre me convient. Je vous aimerai tous les deux quoi qu'il en soit. » C'est à peu près ce que j'ai dit, même si je pense que c'était plutôt « Arrêtez ! Arrêtez ! Arrêtez ! » Quoi qu'il en soit, les animaux de mon rêve ont cessé de se battre, se sont assis l'un à côté de l'autre dans un élan de colère et m'ont regardée, sans plus jamais interagir l'un avec l'autre. C'est ce qui s'est passé dans ma vie éveillée. Je leur ai parlé et elles se sont quittées, mais sont restées cordiales. Ce n'était pas grave, car elles pouvaient encore s'aimer et se pardonner. Parfois, lorsque deux personnes se disputent trop, elles franchissent une ligne qui ne peut être franchie. J'ai pu guérir leur relation en la guérissant dans mon rêve.

Qu'il s'agisse d'un chagrin d'amour, de fissures dans l'âme, de malédictions de vies antérieures ou d'erreurs d'hier, il n'y a pas de limite à la guérison. Vous devez trouver le courage de vous rappeler que vous savez comment faire.

Prendre le contrôle

Pour devenir un expert du rêve lucide, vous devez vous immerger totalement dans la pratique. Suivez les guides et les exercices de ce livre aussi souvent que possible, sans vous priver de sommeil. Lisez d'autres livres, etc. Plus vous vous impliquerez, plus vous pourrez pénétrer profondément dans votre psyché. Une fois que vous serez devenu un rêveur lucide expérimenté, vous pourrez vous demander comment prendre le contrôle de votre vie dans votre rêve.

Demandez ce que vous réserve votre avenir et, si vous n'aimez pas la réponse, demandez à votre rêve comment vous pouvez le changer. Demandez ce que vous devez faire ou qui vous devez devenir pour obtenir une promotion. Demandez comment vous pouvez vous permettre de vivre dans une belle maison. Demandez qui vous pouvez devenir sans diplôme universitaire — peut-être un homme d'affaires prospère, une mère aimante ou un politicien. Vous avez le potentiel de demander, vous pouvez donc savoir et changer le résultat. Mais tout commence par vos rêves.

Chapitre 12 : Envisager une nouvelle vie

Dans dix ans

Vous pouvez faire des rêves lucides. Et maintenant ? Vous pouvez maintenant envisager une nouvelle vie, celle que vous avez toujours espérée. Fermez les yeux et réfléchissez à la personne que vous voulez être dans dix ans. Où vous voyez-vous ? Quelle est votre carrière ? Avez-vous des enfants ou un partenaire ? Où vivez-vous dans le monde ? Avez-vous des animaux de compagnie ou des amis ? Êtes-vous proche de votre famille ? Je vous demande d'imaginer à quoi ressemblera une journée de votre vie dans dix ans.

J'étais en proie à des problèmes, je dormais sur un matelas dans la maison de ma mère. Je n'avais rien à moi. Ma dignité semblait avoir des années de retard sur moi, sans jamais pouvoir le rattraper. Le temps semblait figé. Il y avait soit trop, soit pas assez pour faire ce que je voulais. J'étais seule, enceinte, célibataire et effrayée. Ma mère était tout le temps en colère contre moi. J'avais l'impression de ne rien pouvoir faire de bien. Je mangeais trop et je n'arrivais pas à garder un emploi.

J'ai fermé les yeux et un scénario s'est déroulé dans mon esprit : mon bébé était perdu et seul dans un orphelinat, se demandant où était sa mère et pourquoi elle était partie. J'étais en état d'ébriété sur le canapé. Ma mère m'avait abandonné depuis longtemps. Des chats me léchaient le visage. Je ne voulais pas cela pour moi. Mon esprit s'est arrêté, figé sur cette dernière scène. C'était comme si mon cerveau avait eu une défaillance et qu'il était sorti du mode pilote automatique. Une femme s'est approchée de mon corps endormi, a chassé les chats et m'a aidée à m'asseoir. À travers ma brume vitreuse et alcoolisée, je l'ai vue retourner vers la porte du salon et prendre la main d'un petit garçon — mon garçon. Elle l'a ramené dans la pièce et l'a aidé à s'asseoir sur mes genoux. « Maman, merci pour les gâteaux », m'a-t-il chuchoté à l'oreille en se penchant pour me serrer dans ses bras. « Quoi ? » ai-je demandé. La femme a disparu. J'ai regardé autour de la pièce. Ce n'était pas ma maison. Un énorme sapin de Noël trônait à côté d'une cheminée dans un magnifique salon *vintage* décoré de rouge et de blanc. « Ils étaient délicieux », a dit une voix à côté de moi. Mon petit garçon a jailli de mes bras pour étreindre le bel homme assis à côté de nous.

« D'où vient tout cela ? » Mon téléphone s'est mis à sonner. Je l'ai pris dans ma poche pour répondre. « Bonjour chérie, je sais que je suis en retard. Je serai là dans un petit moment. Tu sais comment est la circulation à cette époque de l'année. » La voix de ma mère a retenti sur la ligne, heureuse et excitée.

« C'est le travail ? », a demandé l'homme à côté de moi. « Tu avais promis de ne pas laisser le bureau t'appeler aujourd'hui. » Aussi confuse que je l'étais, je me suis lancée dans l'aventure. « Tu as raison », ai-je répondu en chuchotant. « Mais ce n'est que ma mère. » « Oh ? Elle est en retard ? » demande-t-il. « Oui, elle est coincée dans les embouteillages. » « Alors, elle a finalement pris la voiture qu'on lui a offerte et pas le bus ? Ouf, c'est super. On dirait que ce sera un bon Noël. Nous pourrions la convaincre d'emménager dans cette belle maison sur la côte après tout. » « Peut-être », ai-je répondu. Il m'a embrassée sur la joue et a emmené notre fils dans la cuisine.

Ce n'était qu'un rêve, mais il a suffi à me sortir du matelas et à relancer ma vie. Chaque fois que je me sentais déçue et impuissante, je repensais à ce rêve et je l'approfondissais. Je me suis rendu compte que je ne voulais pas des emplois auxquels j'avais postulé. Pourquoi voudrais-je travailler pour une entreprise qui ne pouvait pas subvenir aux besoins d'une mère célibataire ? J'ai donc choisi d'autres voies professionnelles, principalement celles fondées par des femmes entrepreneuses et des femmes de couleur qui pouvaient comprendre qui j'étais, ce que j'avais vécu et ce que je pouvais offrir.

J'ai tenu bon et j'ai eu un bel enfant ; et, après deux ans, j'ai pu quitter la maison de ma mère pour emménager dans un bel endroit avec un salon décoré de meubles anciens. Comme dans mon rêve, j'ai peint mes murs en rouge et blanc, alors qu'ils étaient gris au départ. Malheureusement, je n'ai jamais épousé un homme, mais j'ai rencontré mon partenaire. Je n'aurais jamais rien fait de tout cela si je n'avais pas rêvé de ce que pourrait être ma vie.

Où vous voyez-vous dans dix ans ?

Écrivez-le

Mettez cette vision en mots et écrivez autant de détails que possible.

- Quel genre de personne êtes-vous ?
- Quels sont vos centres d'intérêt ?
- Quelles sont vos forces et vos faiblesses ?
- Qu'est-ce qui est important pour vous ?
- Quels sont vos loisirs ?
- Qui sont vos amis ?
- Où vivez-vous ? À quoi cela ressemble-t-il ?
- Quelle est votre carrière ? L'aimez-vous ? Êtes-vous bon dans ce domaine ? À quel point ?

Notez vos réponses et gardez-les toujours à portée de main.

Vous devriez les lire avant de vous endormir le soir. Ensuite, fermez les yeux et imaginez le monde dans lequel vous vous projetez. Lentement, laissez ces orbes de couleur se transformer en la salle de séjour de vos rêves. Placez-vous dans ce salon et décorez-le comme vous l'avez toujours voulu. Lorsque vous vous endormez, reconnaissez que vous êtes en train de rêver. Utilisez les indices décrits dans ce livre pour vous aider à devenir lucide. Une fois que vous êtes lucide, parcourez votre vie dix ans dans le futur. Remarquez les choses que vous aimez et que vous n'aimez pas, et adaptez vos désirs en conséquence.

Demandez et interagissez

Pendant votre sommeil, demandez-vous comment vous pouvez devenir le genre de personne que vous voulez être. Laissez votre rêve vous donner une réponse et vous guider. Ensuite, lorsque vous vous réveillez, suivez le chemin tracé par votre rêve. Travaillez à devenir cette personne, jusqu'à ce que vous commenciez à sentir le nouveau vous se fondre dans votre ancien moi.

Ensuite, travaillez sur le désir suivant : demandez à votre rêve comment vous pouvez en savoir plus sur vos centres d'intérêt. Peut-être voulez-vous devenir un connaisseur en vin ou un pilote. Demandez à votre rêve comment vous pouvez commencer ce voyage et l'approfondir jusqu'à ce qu'il fasse partie de vous. Demandez à votre rêve comment vous pouvez développer vos forces et travailler sur vos faiblesses. Acceptez ces forces et ces faiblesses comme faisant partie de vous.

Demandez à votre rêve comment vous pouvez vous faire le genre d'amis que vous voulez, où vous pouvez les rencontrer et ce dont vous avez besoin pour gagner leur confiance. Demandez à vos rêves si ce sont les personnes que vous souhaitez voir autour de vous. Vous pourriez être surpris par la réponse.

Quand j'étais jeune, j'ai toujours espéré avoir beaucoup d'amis riches qui veilleraient sur moi. Mais en grandissant et en apprenant à exploiter pleinement mes rêves, j'ai réalisé que je ne voulais pas avoir beaucoup d'amis. Je voulais quelques amis qui travaillaient dur dans la vie pour obtenir ce qu'ils voulaient et qui aimaient leur famille plus que tout. C'est ce que j'ai maintenant : quelques amis et une belle famille. La richesse a toujours été pour moi une condition de l'amitié, et j'ai voulu m'élever au-dessus de cela. Je voulais des raisons plus saines pour justifier mes choix. Je ne voulais pas faire de la voile parce que j'en avais les moyens. Je voulais faire de la voile pour sentir le vent dans mes cheveux et expérimenter la liberté. Je ne voulais pas être amie avec quelqu'un parce qu'il avait de l'argent ; je voulais être amie avec lui parce que nous pouvions covoiturer nos enfants à l'école et les aider à faire leurs devoirs et à relever les défis.

Chacun est différent. Si vous voulez vraiment de l'argent et connaître des gens qui en ont, c'est très bien. Il n'y a rien de mal à être un riche avocat dans une maison luxueuse avec trois cents amis qui viennent faire la fête le week-end. Si votre vie dans dix ans vous fait vibrer, foncez. Ne laissez pas mes rêves arrêter les vôtres. Vos rêves sont aussi justes que les miens. Suivez-les avec courage.

J'espère vous voir un jour sur votre beau balcon, un exemplaire de mon livre à la main.

Épilogue

Le terme « lucide » implique un sentiment d'éveil pendant le sommeil. Biologiquement, lorsque nous sommes lucides, le cortex préfrontal est vivant et émet des signaux, déclenche des pensées et manipule des hormones et des organes. Le rêve lucide consiste simplement à reconnaître que l'on est en train de rêver.

Au fil du temps, les scientifiques et les psychologues ont compliqué à l'excès cette pratique, ce qui est compréhensible. Le rêve lucide est un phénomène complexe qui peut nous aider à comprendre beaucoup de choses sur nous-mêmes, notre corps et le monde. Contrôler ses rêves et être capable de se sortir de scénarios difficiles pour se retrouver dans des environnements magnifiques et inspirants est une tâche qui défie la logique. Il s'agit d'une capacité splendide et stimulante. De nombreuses célébrités ont déclaré qu'une grande partie de leur succès repose sur leur capacité à faire des rêves lucides. Des milliers de mathématiciens, d'écrivains de premier plan et d'excellents étudiants ont attribué une partie de leur réussite au rêve lucide.

Selon les mots célèbres de Rudyard Kipling : « Si vous pouvez garder la tête froide alors que tout autour de vous la perd... vous réaliserez des choses plus grandes que vous ne pouvez l'imaginer. » C'est exactement ce qu'est le rêve lucide.

Je vous ai raconté des histoires richement inspirées sur le rêve lucide et ses bienfaits. J'ai donné de nombreux témoignages scientifiques qui confirment l'existence du rêve lucide. Si vous ne pouvez pas faire confiance à Stephen King, à Einstein, à ceux qui ont fait des expériences sur des chats ou à moi, faites-vous confiance. Plongez dans votre esprit et explorez les exercices et les suggestions que j'ai proposés.

Essayez, ne serait-ce que pour rire.

Vous découvrirez qu'en analysant vos rêves, vous pouvez en prendre le contrôle. Vous pouvez vivre la vie que vous avez toujours voulue. Vous pouvez tout faire.

Avant de vous laisser, je tiens à vous rappeler une chose : aucune règle ne dit que vous devez savoir comment faire un rêve lucide. Vous ne manquerez rien si vous ne le faites pas. En revanche, vous risquez de passer à côté de ce que vous pourriez être.

Merci de votre attention, rêvez bien !

Si vous avez aimé ce livre, qu'il vous a été utile sur ce sujet, rien ne me ferait plus plaisir que si vous me laissiez un avis ! Pour ce faire, il vous suffit de flasher le QR code ci-dessous pour vous rendre directement sur la page « Commentaires » du livre sur Amazon.

Je vous en remercie d'avance ; pensez au nombre de personnes que vous pourriez aider à découvrir ce livre avec ce simple commentaire.

Je vous en remercie encore !

Dans la même collection

Découvrez d'autres livres de la maison Pénombre
Édition en flashant le QR code ci-dessous :

Liens utiles

Envie d'en découvrir plus sur le monde de l'ésotérique ?
Flasher le QR code ci-dessous :

Scannez-moi !

Printed in France by Amazon
Brétigny-sur-Orge, FR

15334704R00100